Kriegspresseamt Berlin (Hg.)
Deutsche Kolonien im Jahre 1918

Kriegspresseamt Berlin (Hg.)
Deutsche Kolonien im Jahre 1918
ISBN: 978-3-86741-643-6
Auflage: 1
Erscheinungsjahr: 2011
Erscheinungsort: Bremen, Deutschland

© Europäischer Hochschulverlag GmbH & Co KG, Fahrenheitstr. 1, 28359 Bremen (www.eh-verlag.de). Alle Rechte beim Verlag und bei den jeweiligen Lizenzgebern.

Bei diesem Titel handelt es sich um den Nachdruck eines historischen, lange vergriffenen Buches vom Kriegspresseamt, Berlin (1918). Da elektronische Druckvorlagen für diese Titel nicht existieren, musste auf alte Vorlagen zurückgegriffen werden. Hieraus zwangsläufig resultierende Qualitätsverluste bitten wir zu entschuldigen.

Kriegspresseamt Berlin (Hg.)
Deutsche Kolonien im Jahre 1918

Unsere Kolonien

Mit 21 Abbildungen

Herausgegeben vom Kriegspresseamt Berlin
1918

Inhaltsverzeichnis.

Seite

Dr. Solf, Staatsfekretär des Reichskolonialamtes: Die Notwendigkeit deutschen Kolonialbesitzes 5

Legationsrat Dr. Alfred Zimmermann: Um den Platz an der Sonne! Zur Geschichte unserer kolonialen Erwerbungen 11

Unsere Schutztruppen bis zum Ausbruch des Weltkrieges . . 19

Prof. Dr. K. Weule, Leipzig: Land und Eingeborene unserer Kolonien 26

Dr. Zeller, Reichskolonialamt: Die wirtschaftliche Bedeutung unserer Kolonien 33

Hauptmann Keil, Kommando der Schutztruppen: Der Krieg in den Kolonien 43

Der Heldenkampf um Deutsch-Ostafrika 54

Die Kämpfe um Tsingtau 62

Leutnant d. R. Gerhard Mueller: Greueltaten unserer Feinde an den Kolonialdeutschen 67

Regierungsrat Dr. Ruppel, Berlin: Die kolonialen Kriegsziele Englands 73

Dr. Paul Lensch: Der Arbeiter und die deutschen Kolonien 81

Die Notwendigkeit deutschen Kolonialbesitzes.

Von Dr. Solf,
Staatssekretär des Reichskolonialamtes.

Wenn man vor dem Kriege über die Notwendigkeit deutschen Kolonialbesitzes bei uns in manchen wirtschaftlichen Kreisen und politischen Zirkeln noch Zweifel gehabt hat, so hat der Krieg mit seinen, im übrigen unwillkommenen, wirtschaftlichen Folgen doch das eine Gute gehabt, daß er diesen Zweiflern die wirtschaftliche Notwendigkeit deutschen Kolonialbesitzes eindringlicher vor Augen gehalten und sie, wie ich hoffe, von ihr überzeugt hat. Die deutsche Volkswirtschaft der letzten Jahre stand und steht unter dem Mangel an kolonialen Rohstoffen und Genußmitteln. Es gibt keinen gewerblichen Betrieb in Deutschland und keinen Haushalt, der den Mangel an Baumwolle, Wolle und sonstigen Faserstoffen, an Leder, Kautschuk, technischen Oelen und Fetten, an Speisefetten, Kaffee, Tee, Kakao, Kraftfuttermitteln usw. nicht zu spüren bekommen hätte. Jeder einzelne Staatsbürger hat ihn in seiner Lebenshaltung und an seinem Geldbeutel erfahren.

Während früher, zur Zeit der geschlossenen Staatenwirtschaft, das Wirtschaftsleben fast ganz auf die Befriedigung in den eigenen Landesgrenzen eingerichtet war und nur einige Luxuswaren, die wenig Laderaum verlangten, von Uebersee bezogen wurden, hat unser Wirtschaftsleben in den letzten Jahrzehnten infolge der gewaltigen Ausdehnung des Dampfer- und Eisenbahnverkehrs mit seinen niederen Frachten und großen Laderäumen sich mehr und mehr von den örtlichen Voraussetzungen der Rohstoffversorgung losgelöst und auf den Bezug aus dem Auslande eingestellt. Die Auslandszufuhren waren die Voraussetzung für die Volksvermehrung, die in den letzten fünfzig Jahren fast eine Verdoppelung der deutschen Bevölkerung ermöglicht hat. Die Bevölkerungszunahme hat dann selbst wieder eine Steigerung der Auslandsbezüge zur Folge gehabt und hat so als Ursache und als Ziel dazu geführt, daß das deutsche Wirtschaftsleben von den Rohstoff- und Nahrungsmittelbezügen aus dem Ausland mehr und mehr abhängig geworden ist. Diese Abhängigkeit ist jetzt durch die wirtschaftliche Entwicklung und die Bevölkerungszunahme festgelegt und kann nicht mehr rückgängig gemacht werden.

Die Abschneidung dieser Zufuhren hat ihre Wirkung in der ersten Kriegszeit auf einige Zweige des Wirtschaftslebens beschränkt, hat sich dann aber mehr und mehr auf allen Gebieten des täglichen Lebens fühlbar gemacht und das deutsche Volk unter schweren Mangel, auf manchen Gebieten in Not und Entbehrung gesetzt. Zuerst hat die Million deutscher Arbeiter, die ihr Brot vor dem Kriege in der Textilindustrie verdient haben, durch Schließung der Fabrikbetriebe ihre wirtschaftliche Abhängigkeit von der überseeischen Zufuhr zu spüren bekommen. Ihr folgten bald andere Industrien. Noch mehr hat die tägliche Lebenshaltung jedes einzelnen unter dieser Abschneidung gelitten, am meisten unter der Not an Speisefetten, die unmittelbar durch das Fehlen der Rohstoffe für Margarine, mittelbar durch das Fehlen der Kraftfuttermittel veranlaßt ist, die sonst in der Form von Milch, Butter und Schweinefett und von Fleisch der Volksernährung gedient haben. Unter dem Mangel an Kaffee, Tee und Kakao hat das deutsche Volk, wenn sie als Genußmittel an sich auch entbehrt werden können, im Rahmen der sonstigen Vereinfachung und Rückbildung unserer täglichen Lebenshaltung gleichfalls schwer zu leiden gehabt. Die Abschneidung der Zufuhr an Baumwolle, Wolle und sonstigen Faserstoffen und an Häuten hat nur deshalb zu einer Katastrophe in der Bekleidung des deutschen Volkes nicht führen können, weil in einem Lande von einer so hohen durchschnittlichen, äußeren Lebenskultur wie in Deutschland ein so großer Ueberschuß an Kleidern, Wäsche und Schuhen aus der Friedenszeit vorhanden war, daß auf sie als eine langanhaltende Reserve zurückgegriffen werden konnte. Die Wirkung der Abschneidung von der überseeischen Zufuhr ließ sich noch in vielen Einzelheiten weiter verfolgen; ich sehe davon ab, weil jeder einzelne diese Wirkung selbst zur Genüge verspürt hat und weil mancher unter denen, die früher den Verbrauch von Baumwollerzeugnissen oder Speisefetten gedankenlos und als selbstverständlich hingenommen haben, jetzt zum Nachdenken über die Herkunft dieser Waren veranlaßt worden sein mag. Am Ende solcher Gedankengänge wird meist gestanden haben: Zufuhr aus Uebersee.

Wie wird das nach dem Kriege werden? Die Waren, die wir aus Ländern mit gleichen klimatischen Verhältnissen bezogen haben, wie Brot- und Futtergetreide, werden wir uns in Zukunft durch weitere Verbesserung unserer landwirtschaftlichen Methoden und durch den Ausbau unserer Handelsbeziehungen mit den benachbarten, insbesondere den verbündeten Staaten sicherzustellen suchen müssen. Anders bei den Waren, die unter anderen klimatischen Voraussetzungen stehen. Wer alles Heil von dem Tage nach dem Friedensschluß erwartet und glaubt, es werde alles in den gleichen Bahnen weiterlaufen, die der 1. August 1914 versperrt hat, wird wahrscheinlich eine schwere Enttäuschung erleben. England und seine Verbündeten drohen mit dem Wirtschaftskriege nach dem Kriege mit den Waffen und treffen alle Anstalten, um die Rohstoffe der ganzen Welt unter ihre Ueberwachung zu bringen. Gesetzt den schlimmsten Fall, es käme zum Wirtschaftskrieg in der angedrohten scharfen Form, woher sollen wir die kolonialen Rohstoffe bekommen, deren Herkunftsgebiete zum größten Teil in den Händen unserer jetzigen Feinde sind? Die nicht unter feindlicher Ueberwachung stehenden neutralen Ueberseeländer reichen nicht aus, um unseren Bedarf zu decken. Und wenn unsere jetzigen Feinde auch späterhin ihren Ueberschuß an Rohstoffen aus Geschäftsinteresse für uns abfallen lassen, werden wir diesen Ueberschuß nicht belastet mit Ausfuhrzöllen oder sonstigen Abgaben bekommen, die den Wettbewerb unserer Industrie und die Erhaltung unseres industriellen Arbeiterheeres unmöglich machen? Hier kann nur ein eigenes Kolonialgebiet uns von dem wirtschaftlichen Druck unserer Feinde entlasten. Unsere Kolonien haben zur Deckung unseres Rohstoffbedarfs vor dem Kriege zwar nur zu einem kleinen Teil beigetragen. Es kommt aber zunächst auch nicht darauf an, alle unsere Rohstoffe aus eigenen Kolonien zu beziehen, sondern einen uns feindlichen Trust auf dem Weltmarkt der Rohstoffe bekämpfen zu können. Dazu reichen erfahrungsgemäß schon verhältnismäßig geringe, freie Mengen aus, und wenn es uns gelingt, die vor dem Kriege noch kleinen, aber in rascher Steigerung begriffenen Rohstofferträge unserer Kolonien durch intensive Arbeit und — wenn möglich — durch Vergrößerung unseres Kolonialbesitzes zu erhöhen, so besteht die Hoffnung, daß wir unter Heranziehung der sonstigen, vom Feinde nicht überwachten Rohstofferzeugung dem feindlichen Trust entgegentreten können. Ohne eigene Erzeugung stünden wir ihm wehrlos gegenüber.

Aber auch wenn der Wirtschaftskrieg in der angedrohten Form nicht zur Wirklichkeit wird, wenn der Handel durch Handelsverträge sichergestellt werden kann und Erzeuger und Kaufleute aus Geschäftsinteresse persönliche, politische Zuneigungen und Abneigungen zurücktreten lassen, so muß eines doch klar erkannt werden. Schon vor dem Kriege hat sich die Tendenz gezeigt, die allgemeine, freie Weltwirtschaft durch die Schaffung von geschlossenen großen Wirtschaftsgebieten zu lockern, die in der Deckung ihres Rohstoffbedarfs und im Absatz ihrer Fertigerzeugnisse sich selbst genügen. Unter den imperialistischen Zielen des „greater Britain" stand schon vor dem Kriege die Schaffung einer solchen in sich geschlossenen britischen Weltwirtschaft mit an erster Stelle. Die englischen Kolonien sollten in die englische Weltwirtschaft enger eingefügt und zusammen mit dem Heimatlande durch ein gemeinsames Zollsystem gegen die übrigen Wirtschaftsgebiete abgegrenzt werden. Rußland und die Vereinigten Staaten mit ihren riesigen, über verschiedene klimatische Zonen sich erstreckenden Landgebieten tragen die Voraussetzung zu einer gleichen Entwicklung in sich. Auch Frankreich hat in seinem benachbarten großen Kolonialreich ähnliche Entwicklungsmöglichkeiten. Japan sucht sie sich in China. Das ist eine Entwicklung, die wir vor dem Kriege nicht gefördert, im Gegenteil durch die handelspolitische Stellung unserer Schutzgebiete zu verneinen bestrebt waren. Diese Entwicklung ist aber durch die Kriegswirtschaft nicht unterbrochen oder aufgehalten, sondern noch schärfer akzentuiert worden. Sie wird sich über kurz oder lang — hier schärfer, dort in loseren Formen — noch stärker geltend machen und den Erfolg von Handelsverträgen und aller gewerblichen und kaufmännischen Tüchtigkeit aufheben. Deutschlands Wirtschaft muß auf die Dauer verkümmern, wenn es sich dieser Entwicklung nicht anschließt und sich nicht gleichfalls ein seiner wirtschaftlichen Kraft entsprechendes und genügendes überseeisches Bezugsgebiet sichert, das späterhin auch für einen Teil seiner Fertigerzeugnisse gesicherten Absatz bietet. Das kann heute nur noch in Afrika geschehen, dessen politische Grenzen noch im Flusse sind. Nach diesem Kriege werden die Grenzen auch in Afrika voraussichtlich auf eine lange Reihe von Jahrzehnten hinaus erstarren und feste Formen annehmen. Wenn wir mit den übrigen wirtschaftlichen Großmächten in Zukunft gleichen Schritt halten wollen, muß beim Friedensschluß mit den Westmächten daher aller Einfluß dafür eingesetzt werden, daß unsere kolonialen Ansprüche in Afrika befriedigt werden. Was uns dieser Friedensschluß in Afrika nicht bringt, wird uns für lange Zeit, vielleicht für immer, verloren sein.

Dem Einwande, daß ein neuer Krieg uns doch wieder in der gleichen Lage der Absperrung der Zufuhr finden wird, ob wir Kolonien haben oder nicht, muß ich entgegenhalten, daß wir unsere Wirtschaft doch zunächst für den Frieden, nicht für den Krieg aufbauen müssen. Und dann muß hinter die Behauptung, daß uns ein zukünftiger Krieg wieder in der gleichen Lage finden wird, doch ein Fragezeichen gemacht werden. Auf jeden Fall werden wir uns in einem neuen Kriege, auch wenn er wieder unter dem Zeichen der Seesperre geführt werden sollte und uns die Behauptung der Seeherrschaft dann nicht gelänge, mit einem großen Kolonialreich in keiner schlechteren Lage befinden, als ohne ein solches. Daraus kann also ein Gegenargument gegen die Einbeziehung der kolonialen Grundlage in den Wiederaufbau unserer Volkswirtschaft nicht gewonnen werden.

Ich habe vorstehend bei der Antwort auf die Frage „Brauchen wir Kolonien?" die **wirtschaftlichen** Gesichtspunkte in den Vordergrund geschoben, weil sie durch den Krieg jedem handgreiflich geworden sind. Die **machtpolitische** Wichtigkeit eines großen Kolonialbesitzes darf daneben aber nicht übersehen werden. Wir müssen einen Anteil an den Herrschaftsgebieten außerhalb Europas haben, wenn wir nicht gegenüber den sich immer mehr festigenden Weltreichen auf die Stufe der kleineren Mächte hinabgleiten wollen. Es darf auch nicht wieder vorkommen, daß in künftigen Kriegen farbige Massenheere auf den europäischen Kampfplatz geworfen werden und unser Land von dem Einbruch unzivilisierter Völker bedroht wird. Unsere herrlichen Truppen dürfen nicht wieder vor die unwürdige Notwendigkeit gestellt werden, sich mit schwarzen Söldnerheeren schlagen zu müssen. Wenn wir in Afrika ein gleichwertiges Kolonialreich besitzen, haben wir damit ein militärisches Gegengewicht in der Hand, das entweder Frankreich und England zwingt, von der Militarisierung Afrikas abzustehen, was wir in erster Linie anstreben, oder aber die feindlichen Kräfte in Afrika bindet, wenn Frankreich und England von der Mobilisierung der schwarzen Rasse nicht ablassen wollen.

Schließlich verlangt unsere Stellung als Kulturvolk, daß wir Arbeit, Kosten und Ehre der **kulturellen** Durchdringung des Erdenrundes nicht den übrigen Kulturvölkern überlassen. Unsere Beteiligung an der Hebung tiefstehender Völker und an der Erschließung der tropischen Gebiete ist nicht nur ein Anspruch, den wir gegenüber unseren jetzigen Gegnern erheben müssen, sondern auch eine Ehrenpflicht gegenüber dem Deutschtum und der Menschheit. Die sittliche und aufbauende Kraft, die Deutschland in diesem Kriege bewiesen hat, verlangt ein Betätigungsfeld über unsere Grenzen hinaus.

Um den Platz an der Sonne!
Zur Geschichte unserer kolonialen Erwerbungen.
Von Legationsrat Dr. Alfred Zimmermann.

Wenn die Meldungen unserer Feinde, die nachzuprüfen wir gegenwärtig nicht in der Lage sind, auf Wahrheit beruhen, so haben die Reste unserer Verteidiger Deutsch-Ostafrika räumen müssen. Aber weit entfernt, die Waffen zu strecken, haben sie sich auf das portugiesische Nachbargebiet zurückgezogen und setzen dort den heldenmütigen Widerstand fort. Selbst die haßerfüllte englische und französische Presse kann sich der Anerkennung dieser Leistung nicht entziehen und ergeht sich in Ausdrücken der Bewunderung für die deutschen Truppen und ihren ebenso tapferen wie genialen Führer, den General v. Lettow-Vorbeck. In der Tat ist noch niemals in einer von der Außenwelt abgeschnittenen, von zehnfacher Uebermacht besetzten Tropenkolonie etwas ähnliches geleistet worden! Selbst die zuversichtlichsten Kolonialfreunde in Deutschland haben nicht zu hoffen gewagt, daß weiße Landsleute mehr als drei und ein halbes Jahr unter so ungünstigen Umständen sich in Afrika behaupten und daß die Eingeborenen ihnen so treu und aufopfernd zur Seite stehen würden. Nach den Erfahrungen, die bisher von allen kolonisierenden Völkern besonders in tropischen Kolonien gemacht worden sind, und bei den Zusicherungen, an denen unsere Feinde es den Eingeborenen gegenüber sicher nicht haben fehlen lassen, war damit unter keinen Umständen zu rechnen.

Trotz aller Tapferkeit und Ausdauer des Häufleins der Verteidiger des Deutschtums in Ostafrika ist aber leider kaum damit zu rechnen, daß es ihnen gelingt, für Deutschland dort noch ein Stück kolonialen Besitzes zu retten, wenn nicht ein baldiger Friede dem Weltkrieg ein Ende macht. Ohne jeden Nachschub, entblößt von Kleidung, Waffen, Arzneien, notwendigen europäischen Nahrungsmitteln, kann nach menschlichem Ermessen die kleine Schar der vielfachen Uebermacht nicht mehr lange widerstehen. Zum vierten Male hat dann das deutsche Volk das letzte bescheidene Plätzchen an der Sonne verloren!

Lange ist in Deutschland der Glaube verbreitet gewesen, daß das deutsche Volk aus Mangel an Verständnis in den Kreisen seines Handels und seiner Schiffahrt und infolge der Teilnahmslosigkeit seiner Fürsten sich in früheren Zeiten um die Entdeckung der neuen Welt nicht gekümmert und keinerlei Versuche gemacht habe, sich auch einen Platz in den anderen Erdteilen zu sichern. Heute wissen wir, daß dieser Glaube durchaus irrig war. Man hat in Deutschland den neuen Entdeckungen von Anfang an die schärfste Aufmerksamkeit gewidmet. Der berühmte Brief des Kolumbus an den König von Spanien über seine erste Entdeckungsfahrt wurde in Deutschland früher als irgendwo sonst außerhalb Spaniens veröffentlicht. Die Berichte der ersten Forschungsreisenden erschienen ausnahmslos zu Nürnberg in schön ausgestatteten Ausgaben. Deutsche Seefahrer und Kaufleute drängten sich zu den spanischen und portugiesischen Kolonialunternehmungen, und schon in den ersten Zeiten des 16. Jahrhunderts taten reiche süddeutsche Kaufherren Süddeutschlands Schritte, selbst Land in der neuen Welt zu erwerben. Vom deutschen Kaiser Karl V., der bekanntlich damals gleichzeitig und nur zu sehr König Spaniens war, erwarben sie das Recht zur Kolonisation der schönen Gebiete, die heute Venezuela und Kolumbien heißen. Viele Jahre hindurch haben sie große Summen für deren Erforschung und Verwaltung ausgegeben und Hunderte von deutschen Männern, darunter nächste Anverwandte, dorthin geschickt, um die übernommene Aufgabe zu lösen. Wenn sie dabei Schiffbruch gelitten haben, vieler Menschenleben, großer Summen und schließlich der Kolonie selbst verlustig gegangen sind, war das hauptsächlich die Folge der politischen Lage im 16. Jahrhundert und des Fehlens einer starken, nationalen Reichsgewalt in Deutschland.

Anderthalb Jahrhunderte später faßte der zu jener Zeit deutscheste und hervorragendste der deutschen Fürsten, der Große Kurfürst von Brandenburg, den Plan, das einst Versäumte nachzuholen, Deutschland zu einem Anteil in der überseeischen Welt zu verhelfen. Jahrelang hat er sich bemüht, den österreichischen Kaiserhof für seine Gedanken zu erwärmen, ihn dazu zu bewegen, mit gemeinsamer Kraft Deutschland einen Kolonialbesitz in den noch freien Gebieten der Welt zu verschaffen. Als das an religiösen und politischen Schwierigkeiten scheiterte, hat er kurzer Hand den Versuch gemacht, selbständig und aus eigner Kraft sein Ziel zu

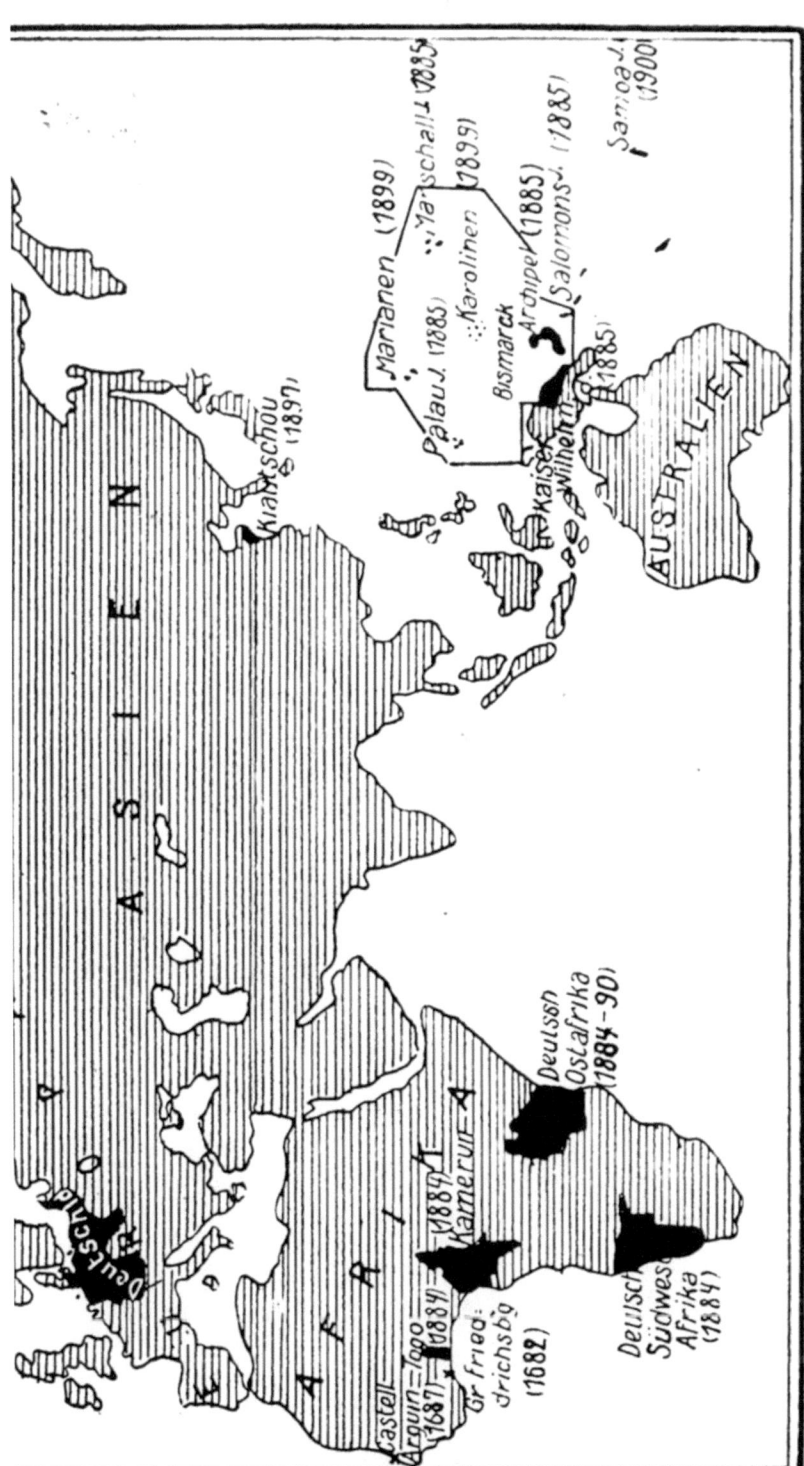

Die Größe des deutschen Kolonialbesitzes im Vergleich zum Mutterlande.

erreichen. Mit Hilfe seiner kleinen Flotte ließ er im nördlichen Westafrika einige von andern Mächten nicht in feste Verwaltung genommene Küstenpunkte durch Verträge mit den Eingeborenen erwerben, errichtete für ihre Bewirtschaftung in Emden eine Handelsgesellschaft und versuchte durch sie, einen Anteil am Afrikaverkehr für Norddeutschland zu gewinnen.

Das koloniale Afrika im Jahre 1810.

Es ist seiner überlegenen Staatskunst geglückt, alle Versuche der Engländer, der Franzosen und der Holländer, ihn aus Afrika wieder zu verdrängen, zu durchkreuzen. Aber es fehlte dem kleinen Brandenburg, da das Reich nicht auf seine Seite trat und es vielmehr fortgesetzt sogar mit Mißgunst von deutscher Seite zu rechnen hatte, auf die Länge an den Mitteln, alle ihm in den Weg gelegten Schwierigkeiten zu überwinden. Das Hemd sitzt näher als der Rock, meinte der

Soldatenkönig Friedrich Wilhelm I. Um die Mittel für unabweisbare dringendere heimische Zwecke freizubehalten, gab er den Kampf mit den eifersüchtigen westlichen Kolonialvölkern auf und verkaufte den nicht recht zur Entwicklung gelangten Afrikabesitz (Groß-Friedrichsburg) schließlich an die holländisch-westindische Kompagnie.

Das koloniale Afrika im Jahre 1890.

Nicht besser waren die Erfahrungen, die der österreichische Hof um jene Zeit mit einem Kolonialversuch in Indien machte. Nach dem Abschluß des polnischen Erbfolgekriegs unternahm er von dem ihm zugefallenen Ostende aus auf Drängen verschiedener Unternehmer das Wagnis, eine Gesellschaft für den Handel mit Ostindien zuzulassen. Englische und holländische Kaufleute, die eifersüchtig auf die privilegierten heimischen Kompagnien waren, gehörten der Gesellschaft an und wußten sie so geschickt zu leiten, daß sie sofort hohe Gewinne abwarf und nach allgemeiner Ueberzeugung einer glänzenden Zukunft entgegensah. Je besser aber ihre Aussichten waren, um so größer war die Eifersucht, die in England, Frankreich, Holland entstand. Am liebsten hätte man da zur Gewalt gegriffen und hätte die Schiffe der Ostender Kompagnie gekapert, ihre Faktoreien weggenommen. Man wagte es nur nicht aus Furcht vor Oesterreichs Macht und in Anbetracht der ganzen politischen Lage. Dafür ergriff man mit Wonne eine Gelegenheit politischer Natur. Als der deutsche Kaiser es für angebracht fand, seiner Tochter Maria Theresia die Thronfolge unter Aufhebung des geltenden Rechts zu sichern, ließ er sich dazu herbei, Englands Zustimmung durch Verzicht auf das Ostender Unternehmen zu erkaufen! — In der Folge haben Maria Theresia wie Friedrich der Große überseeische Erwerbungen wiederholt ins Auge gefaßt. Die Verhältnisse gestatteten ihnen aber ebenso wenig, solche Pläne zu verwirklichen, wie sie den Versuchen deutscher Privatleute in der ersten Hälfte des 19. Jahrhunderts (siehe über alles dieses mein kleines Buch: Die Kolonialreiche der Großmächte. Berlin 1916. Verlag Ullstein u. Co.) günstig waren.

Erst zu Anfang der achtziger Jahre erlaubte die Weltlage Kaiser Wilhelm I., das lange Sehnen des deutschen Volks zu erfüllen und auch ihm ein Plätzchen an der Sonne zu sichern. Trotz aller Weltteilungen, trotz aller Landgier der Engländer und Franzosen wußte der Reichskanzler Fürst Bismarck noch einige Flecke in der Welt zu finden, die von andern Staaten als zu schlecht bis dahin verschmäht worden waren. Beraten von sachverständigen, landeskundigen Kaufleuten, Missionaren und Reisenden, legte er die Hand auf einige bis dahin ganz unbeachtete Gebiete Afrikas und der Südsee. Es gelang ihm, nicht allein die Zustimmung der eifersüchtigen Nachbarn für diese Erwerbungen unter kluger Ausnutzung der Weltlage zu gewinnen, sondern sogar ihren wichtigsten Teil zusammen mit Leopold von Belgiens Kongokolonie unter den Schutz aller Großmächte zu stellen. Bei dem Wert, der solchen Verträgen damals beigelegt wurde, konnte man sich in Deutschland daher der Erwartung hingeben, daß, wie immer auch die Verhältnisse sich in Europa gestalten würden, Afrika nicht mehr das Feld kriegerischer Verwicklungen europäischer Mächte werden würde. Nie ist eine berechtigte Annahme ärger zuschanden gemacht worden als diese. Die Neutralen, deren

Entrüstung keine Grenzen kannte, als Deutschland in Belgien einrückte, dessen Neutralität die eigene Regierung seit langem durch einseitige Abmachungen mit den Westmächten schwer verletzt hatte, erhoben keinen Einwand, als England und Frankreich vom ersten Tage des Krieges an gewaltsam gegen unsere Kolonien vorgingen. Die Vereinigten Staaten,

Das koloniale Afrika im letzten Friedensjahre.

auf deren eifriges Drängen seinerzeit die Kongokonferenz überhaupt die Neutralisierung Mittelafrikas beschlossen hatte, waren nur mit Mühe zu bewegen, auch nur Deutschlands Anregung zur Beachtung des Kongovertrages an unsere Feinde weiterzugeben. Weder sie noch eine andere neutrale Macht hat für Beachtung dieses wichtigen Vertrages von allgemeinstem Interesse einen Finger gekrümmt!

17

Viel wichtiger für sie alle war es, bei England und Frankreich nicht anzustoßen, denen es vor allem auf Verdrängung des verhaßten Wettbewerbes vom Weltmarkte und dem Platze an der Sonne ankam.

Diese Erfahrung wird unvergessen bleiben müssen. Wenn Deutschland nun wieder in die Lage kommt, ein Plätzchen an der Sonne zu erwerben, wird es dasselbe so wählen und die Dinge so einrichten müssen, daß es mit seinem Kolonialbesitz nicht wieder lediglich von der Gnade Englands und Frankreichs abhängt. Deutschland mit einer riesigen und ausgezeichneten Bevölkerung hat so viele Rechte in der Welt zu beanspruchen wie seine Feinde. Was ihm viermal nicht geglückt ist, wird ihm beim fünften Anlauf gelingen!

Unsere Schutztruppen bis zum Ausbruch des Weltkrieges.

Unter dem genialen „Großen Kurfürsten" Friedrich Wilhelm wurde ein erster energischer Anlauf zum Erwerb von überseeischen Kolonien und zur Schaffung brandenburg-preußischer Seegeltung gemacht. Allzu früh aber für seine weitausschauende Kolonialpolitik starb 1688 der große Hohenzoller, und nach seinem Tode fehlte den jungen Kolonien ihr mächtiger Beschützer. Sie verfielen nach und nach. Groß-Friedrichsburg — an der heute englischen Goldküste gelegen — wurde 1717 an die Holländisch-Westindische Kompagnie verkauft, und die auf einer Insel bei Kap Blanko nördlich des Senegalflusses gelegene Feste Arguin wurde 1721 nach tapferer Gegenwehr der Besatzung von den Franzosen erobert. Heute erinnern nur noch einige Mauerüberreste an der Guineaküste an jene Zeit.

Derjenige aber, der auf Groß-Friedrichsburg am Neujahrstage des Jahres 1683 hoffnungsfroh die brandenburgische Flagge hißte, Major Otto Friedrich von Groeben, er war der erste Schutztruppenoffizier und seine tapfere Mannschaft die erste deutsche Schutztruppe, die im dunklen Erdteil das neuerworbene Gebiet zu schirmen und zu schützen hatte. Leider nur für kurze Zeit, denn nach Friedrichs Tode schlief das Verständnis für den Wert von Kolonialbesitz ein, um erst 200 Jahre später aus tiefem Dornröschenschlaf gerade noch in letzter Stunde zu erwachen und dann unter Kaiser Wilhelms II. zielbewußter Führung Gemeingut der Nation zu werden.

In der ersten Hälfte der achtziger Jahre des vorigen Jahrhunderts wurde über dem größten Teil unseres jetzigen Kolonialbesitzes die deutsche Flagge gehißt. 1884 in Ostafrika, Südwestafrika, Kamerun und Togo. 1885 in Kaiser-Wilhelms-Land und auf den Inseln des Bismarck-Archipels, den Palau-, Marschall- und Salomons-Inseln. 1897 wurde Kiautschou besetzt, 1899 kamen die Karolinen durch Kauf an Deutschland, 1900 endlich wurde Samoa erworben.

Unsere nächste Aufgabe war nun, in den neu erworbenen Landesteilen, die das deutsche Reichsgebiet etwa viermal an Ausdehnung übertrafen, deutscher Sitte und Kultur Eingang zu verschaffen, Landfrieden und Ordnung unter den in ewiger Fehde lebenden Eingeborenen herzustellen und vor allem der Geißel Afrikas, den immer noch in voller Blüte stehenden Sklavenjagden ein energisches Halt zu gebieten.

Zur Erfüllung dieser Aufgaben bedurfte es militärischer Machtmittel, deshalb erfolgte die Gründung von S c h u tz ‑

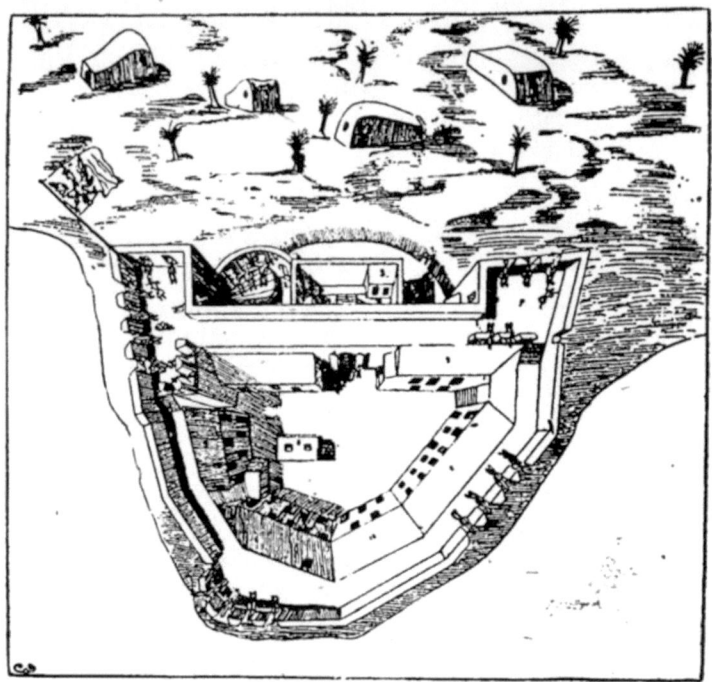

Kastell Arguin, eine Gründung des Großen Kurfürsten an der westafrikanischen Küste im Jahre 1687. (Nach einer zeitgenössischen Abbildung.)

t r u p p e n oder auch, wo die Verhältnisse es zuließen, wie in Togo und in der Südsee, von P o l i z e i t r u p p e n.

Nur in Südwestafrika gestattete das Klima die Verwendung von deutschen Soldaten, in Ostafrika und Kamerun wurden eingeborene Soldaten angeworben, die dann von deutschen Offizieren und Unteroffizieren ausgebildet und geführt wurden.

Trotz der verhältnismäßig kurzen Zeit ihres Bestehens — etwa 25 Jahre — können unsere Schutztruppen auf Leistun‑

gen und Taten zurückblicken, auf die stolz zu sein, sie alles Anrecht haben.

In Ostafrika holte die Schutztruppe ihre ersten kriegerischen Lorbeeren 1889 in dem Feldzug gegen die dort seit langen Jahren ansässigen Araber, die sich unter Führung Buschuris gegen die deutsche Herrschaft, die ihren Haupterwerb — Sklavenjagd und Sklavenhandel — bedrohte, empört hatten. Zu damaliger Zeit übte die deutsch-ostafri-

Feste Groß-Friedrichsburg, eine Gründung des Großen Kurfürsten an der westafrikanischen Küste im Jahre 1683. (Nach einer zeitgenössischen Abbildung.)

kanische Gesellschaft die Hoheitsrechte aus, und die wenigen ihr zur Verfügung stehenden Europäer und farbigen Soldaten waren nicht in der Lage, den ausgedehnten Aufstand niederzuwerfen. Sie wandte sich in ihrer Not an das Deutsche Reich um Hilfe. Der Reichstag beschloß, die deutschen Interessen zu schützen. Mit dieser Aufgabe beauftragte der Kaiser den damaligen Hauptmann Hermann von Wißmann, der das in ihn gesetzte Vertrauen vollauf rechtfertigte. Mit geringen Machtmitteln, die er selbst geschaffen, ging er kühn an die schwere Aufgabe und löste sie glänzend. Schon am 8. Mai 1889 wurde das befestigte Lager Buschuris gestürmt, dieser selbst entkam zwar, wurde aber schließlich von Eingeborenen eingeliefert und am 8. Dezember 1889 durch das Kriegsgericht zum Tode verurteilt, und gehängt.

Damit war der Aufstand völlig niedergeschlagen, und wenigstens an der Küste und in Küstennähe begriff die Bevölkerung, daß nun eine Zeit der Ordnung anbrach.

Viele Gefechte hat die Truppe seither geliefert, und mit verschwindenden Ausnahmen waren sie siegreich.

Der schwerste Schlag, den die Truppe erlitten hat, war der Untergang der Expedition Zelewsky durch die Wahehe am 17. August 1891. Seinen und seiner Getreuen Tod rächte Oberst von Schele im Jahre 1894 durch die Erstürmung der Feste Iringa in Uhehe. Bei Kilossa, Tabora, am Viktoriasee und am Kilimandscharo wurde mit Auszeichnung gefochten. Vielfach und an weitauseinander gelegenen Teilen der Kolonie machten unbotmäßige Eingeborene ein bewaffnetes Einschreiten der Truppe nötig, irgendwo gährte es immer. Eine schwierige Aufgabe bedeutete für die Schutztruppe die Niederwerfung des großen Aufstandes 1905/07. Auch diese Kämpfe führte sie siegreich zu Ende, die Ruhe wurde wieder hergestellt, die Schutztruppe hatte sich auch diesmal voll und ganz bewährt.

Auch in Kamerun hatte die Schutztruppe eine große Zahl schwerer, aber erfolgreicher Kämpfe zu bestehen, ehe das Land für eine friedliche Weiterentwicklung reif war. Schon im Dezember 1884 brachen an der Küste Unruhen aus, deren Unterdrückung mit Hilfe von Kriegsschiffen jedoch rasch gelang. Beim weiteren Vordringen in das Hinterland, das ein breiter und dichter Urwaldgürtel von der Küste trennte, traf man auf selbstbewußte, kriegerische Eingeborene, die keineswegs gewillt waren, den neuen Herrn ohne weiteres anzuerkennen. Die erste größere, militärische Expedition nach der Besitzergreifung fand 1891 gegen den Stamm der Bakwiri statt, der erst 1895 vollkommen unterworfen werden konnte. Ihr schlossen sich der Abo-Feldzug und die Unternehmungen gegen die Bakoko an. Es folgten als wichtigste kriegerische Ereignisse die Aufstände der Jaunde, Wute, der Wute-Adamaua-Feldzug, die Unterwerfung des Fullahherrschers von Ngaundere, der Aufstand der Bule, die Expeditionen nach Bornu und dem Tsadsee, die Unternehmungen nach Neu-Kamerun und viele andere Kämpfe.

Die Schutztruppe in Südwestafrika hatte gleichfalls harte Kämpfe zu bestehen. Ihre erste Aufgabe 1889 bestand darin, den Kämpfen zwischen Herero und Hottentotten ein Ende zu machen. 1892 schlossen diese hartnäckigen Gegner endlich Frieden miteinander, der aber nur von kurzer Dauer war. Erst durch die Siege bei Siegsfeld und Sturmfeld wurde Major Leutwein Herr der Lage.

Im Januar 1904 brach schließlich der gefährlichste Aufstand aus. Die dünkelhaften Hereros hatten sich in kluger Berechnung scheinbar gefügt, ihre Abneigung gegen die

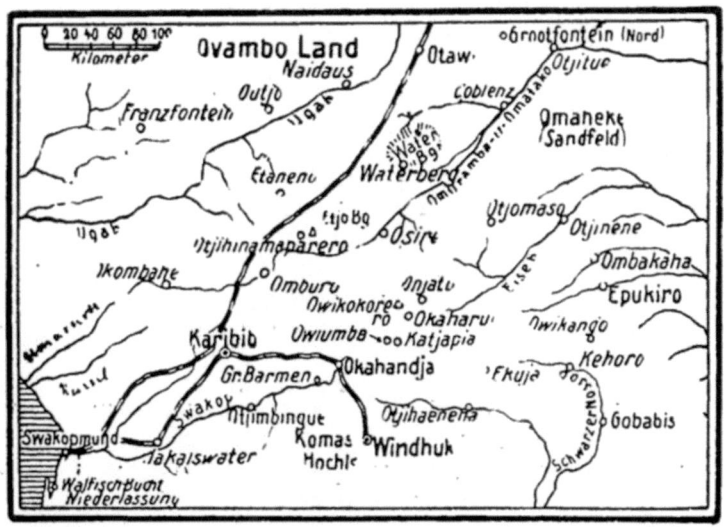

Uebersichtsskizze zum Feldzug gegen die Hereros (1904—1906).

deutsche Herrschaft bestand jedoch nach wie vor weiter und wurde von ehrgeizigen Stammeshäuptlingen wach erhalten. Es bedurfte nur einer passenden Gelegenheit, um die unter der Asche glimmende Glut zu hellen Flammen anzufachen. Diese trat ein, als 1903 ein Aufstand der Bondelzwarts-Hottentotten den größten Teil der Truppe im Süden des Schutzgebiets beschäftigte. In Okahandja, dem Wohnsitz des Oberhäuptlings Samuel Maharero, wurde am 12. Januar das Zeichen zur Eröffnung der Feindseligkeiten gegeben. Alsbald durchzogen bewaffnete Banden von Eingeborenen mordend, sengend und plündernd das Land. Etwa 150 Deutsche, darunter wehrlose Frauen und Kinder, wurden von ihnen grausam ermordet.

Aber so vollkommen die Ueberraschung war, ebenso rasch und energisch setzten die Gegenmaßnahmen ein. Am 15. Januar wurde Okahandja entsetzt, in Windhuk wurden die Wehrpflichtigen schleunigst zusammengezogen und durch erfolgreiche Patrouillen in die Umgebung ein Angriff auf diesen Ort verhindert. Aus dem Süden traf in Eilmärschen die 2. Feldkompagnie ein und schlug den Feind in schneidigen Angriffsgefechten bei Okahandja und Omaruru.

Mitte Februar kehrte der Gouverneur aus dem Süden zurück, auch waren inzwischen die ersten Verstärkungen aus der Heimat eingetroffen. In drei Abteilungen ging es nun gegen den Feind, der in zahlreichen Gefechten geschlagen wurde. Aber erst nach Eintreffen weiterer Verstärkungen und manchem heißen Kampfe gelang es, am 11./12. August den Gegner am Waterberg entscheidend zu schlagen und damit den Hererofeldzug zu beenden.

Doch weiter ging der Kampf, denn inzwischen hatten auch die Hottentotten wieder zu den Waffen gegriffen und der alte Feind der Deutschen, Hendrik Witboi, die versprochene und bisher gehaltene Treue gebrochen. Aber auch diese zähen Gegner besiegte die Truppe und im März 1906 war auch der Hottentotten-Feldzug und damit der Krieg in Südwest beendet.

Wenn auch Kriegsglück und Erfolg den Schutztruppen in reichem Maße beschieden war, so hatten sie doch auch harte Verluste zu verzeichnen gehabt. Viele ihrer Angehörigen sind durch Feindeshand oder durch klimatische Einflüsse auf dem Felde der Ehre geblieben.

Zur vollen Würdigung der Leistungen der Schutztruppen aber kommt man erst, wenn man neben den kriegerischen Taten, die sie vollbracht haben, ihrer Arbeiten auf friedlichem Gebiet gedenkt.

Viele ihrer Angehörigen haben als Bezirks- und Stationsleiter neben ihrem militärischen Dienst Vorzügliches geleistet. Fast alle Stationen, viele Straßen, Brücken, Gärten usw. wurden unter Leitung der europäischen Vorgesetzten von farbigen Soldaten angelegt bezw. unter ihrer Aufsicht ausgebaut.

Manches Museum in der Heimat verdankt dem mit Verständnis durchgeführten Sammeleifer der Schutztruppenangehörigen reiche Schätze.

Sprachstudien wurden getrieben und deren Ergebnisse in Lehrbüchern niedergelegt. Fast das gesamte Kartenmaterial ist in mühevoller Arbeit von Schutztruppenangehörigen hergestellt worden.

Ueber all diesen Arbeiten wurde aber die Hauptaufgabe, die Truppen so auszubilden, daß sie allen an sie herantretenden militärischen Aufgaben gewachsen waren, nicht vergessen.

Der Weltkrieg hat den glänzenden Beweis dafür geliefert.

Land und Eingeborene unserer Kolonien.

Von Professor Dr. K. Weule,
Direktor des Museums für Völkerkunde in Leipzig.

Verteilung, Lage und Ausdehnung unseres bisherigen Kolonialreichs können nur aus der Geschichte des deutschen Volkes selbst verstanden werden. Es ist eine Frucht unserer politischen Erstarkung von 1864 bis 1871 und bildet damit im Rahmen der allgemeinen Kolonialgeschichte eine sehr späte Erscheinung, die es mit sich gebracht hat, daß wir überall nur herrenlose Gebiete in Besitz nehmen, andere sogar nur durch Kauf oder Pacht erwerben konnten. Trotzdem oder gerade deshalb haben die 30 Jahre von unserem Hinaustreten auf die kolonialpolitische Weltbühne im Jahr 1884 bis zum Ausbruch des Weltkrieges 1914 der Welt gezeigt, daß wir Deutsche zu kolonisieren verstehen und, was mindestens ebenso wichtig ist, daß Kolonien für unser Wirtschaftsleben eine absolute Notwendigkeit sind.

In Afrika liegen drei unserer Schutzgebiete, Togo, Kamerun und Deutsch-Südwest am Atlantischen Ozean, Deutsch-Ostafrika im Bereich des Indischen Ozeans. Togo ist mit 87,000 qkm für afrikanische Verhältnisse klein, an deutschen Verhältnissen gemessen aber immer noch annähernd so groß wie Bayern und Sachsen zusammengenommen. Seiner Oberflächengestaltung nach ist es eine Tiefebene, die nur durch das südwest-nordöstlich streifende Togogebirge schroff unterbrochen wird. Lehmige und sandige Roterden decken es fast überall ein, so daß tropische Wärme und reger Fleiß der Eingeborenen dazu gehören, die große Menge von Produkten hervorzubringen, durch die sich die kleine Musterkolonie seit jeher ausgezeichnet hat. Diesem Fleiß ist es allerdings auch zuzuschreiben, daß von dem alten Urwald, der vor Zeiten das ganze Land bedeckt hat, nur noch spärliche Reste übrig geblieben sind. Grasland, lichter Busch und eine eintönige Baumsteppe bilden heute die Vegetationsform des gesamten Flachlandes, und auch jetzt noch setzt der Neger die Verwüstung dieser Reste durch Abhauen und Niederbrennen unaufhaltsam fort.

Kamerun ist geographisch ungleich mannigfaltiger. Vor dem Vertrage mit Frankreich von 1911 fast 500,000 qkm groß, also fast so geräumig wie Deutschland selbst, liegt es am innersten Teil des Golfes von Guinea und damit in der feuchtesten Region von ganz Afrika überhaupt; weisen doch einzelne Orte am Westfuße des Kamerunberges 11 m und mehr jährliche Niederschlagshöhe auf. Was das besagen will, kann man ermessen, wenn man bedenkt, daß Mitteldeutschland durchschnittlich kaum 60 cm Niederschlagshöhe besitzt. Ein dichter Urwald ist denn auch das Wahrzeichen des ganzen Küstengebietes, ein tiefernster Dom von ungeheurer Höhe, in dem der Gorilla und der Schimpanse hausen und zwischen ihnen menschliche Zwergvölker. Hinter diesem Walde beginnt dann, bereits in der Höhe des deutschen Mittelgebirges, das Grasland, das sich endlos nach Norden erstreckt, um endlich in die offene, buschdurchsetzte Savanne des Benue- und Tschadseebeckens überzugehen.

Man hat Afrika, insbesondere die südliche schmälere Hälfte, mit einem umgestülpten Teller verglichen. Dem ansteigenden Rand entspricht die Küstenzone, dem ebenen Boden das Innere. Der Grenze zwischen beiden, dem Bodenring, entspricht der aufgewölbte Schollenrand, der somit nur von der Küste aus als ein wirkliches Gebirge erscheint. Diese Gestaltung bringt es mit sich, daß schiffbare Flüsse nur selten sind, oder daß ihre Befahrbarkeit sich nur auf den kurzen Unterlauf und den ungleich längeren Oberlauf erstreckt.

Auch Kamerun verfügt nur über derartige Gewässer. Kreuzfluß, Sannaga, Njong, Kampo als direkte Zuflüsse des Ozeans; der Benue als Zustrom des Niger, und der Logone als eine der Hauptadern des Tschadsystems — das ist alles. Eine wirkliche Straße bietet nur der Benue, einen kleineren Pfad sozusagen der Kreuzfluß, der zudem nur im Oberlauf auf deutschem Gebiete fließt.

Das Klima ist natürlich tropisch und gestaltete sich besonders in den Anfangszeiten unserer kolonialen Tätigkeit in den niederen Lagen mörderisch. In den bis 3000 m ansteigenden Gebirgen des Nordwestens kann es hingegen recht kalt werden, und Hagel ist in Bali und selbst dem tiefer gelegenen Jaunde keine Seltenheit. Durch den Neger betriebene, unter Aufsicht des Weißen stehende Plantagenwirtschaft ist demgemäß für Kamerun die naturnotwendig gebotene Nutzungsform, und wenn, wie jeder verständige

Deutsche es wünschen soll und wird, Kamerun an uns zurückfällt, dann erblüht uns hier ein höchst aussichtsvoller Wirkungskreis.

Deutsch-Südwestafrika ist mit seiner Lage zwischen 17° und 29° s. B. die einzige subtropische unter unseren Kolonien. Mit 830,000 qkm ist es die zweitgrößte. Ungastlich mutet die geradlinige, fast hafenlose Küste an, und armselig berührt auf den ersten Blick das Innere. Denn Deutsch-Südwest hat den Nachteil der Lage im Gebiet der kalten Benguellaströmung entlang seiner Küste, die fast allen Regenfall vom Meer aus verhindert, und liegt zugleich im Regenschatten der Ostküste, deren hohe Randgebirge alle Niederschläge des Indischen Ozeans vom westlichen Teil des Kontinents fernhalten. Somit ist das nach dem Innern rasch zu bedeutenden Höhen ansteigende Land bei Tage einer ungehinderten Sonneneinstrahlung, in der Nacht aber einer ebenso starken Ausstrahlung ausgesetzt, so daß Temperaturschwankungen von plus 45° bei Tage und minus 8° bei Nacht nicht Seltenes sind. Trotzdem haben wir Südwest schätzen und lieben gelernt, nicht zuletzt, weil so viel teures deutsches Blut im Kampf gegen die Eingeborenen dort hat fließen müssen. Sodann aber, weil es weit mehr bietet, als es zu versprechen scheint. Es ist ein ausgezeichnetes Weideland, gestattet in den Betten der nur nach starkem Regen „abkommenden" Flüsse Feldbau und ist ergiebig an Diamanten, Kupfer und anderen schätzbaren Mineralien. Und das alles für europäische Ansiedler selbst, nicht bloß für und durch die Schwarzen — lauter Gründe, die die Wiedererwerbung dieses wertvollen Gebietes umso wünschenswerter erscheinen lassen.

Deutsch-Ostafrika endlich ist unsere größte und zweifellos auch wertvollste Kolonie; sie hat zudem den Ruhm, auf Grund der unvergleichlichen Tapferkeit und Zähigkeit seiner weißen und schwarzen Verteidiger gegen eine wahrhaft ungeheure Uebermacht Widerstand geleistet zu haben. Geographisch ist es, von der besonders im Norden schmalen Küstenzone abgesehen, ebenfalls eine ungeheure Hochfläche mit endlosen Ebenen, flachen Bodenwellen und niederen Höhenrücken. Tabora, der Hauptort des Innern, liegt 1230 m hoch. Das Klima ist tropisch, mit einer Regenzeit im Süden, deren zwei im Norden. Die Vegetation ist offene Grassteppe im Norden, offene Baum- und Buschsteppe von parkartigem Charakter die ganze Mitte von Ost nach) West hindurch), und Steppen- oder Trockenwald im Süden und Westen. Unter der reichen Tierwelt ragen die Antilopen mit mehr als ein viertel Hundert Arten hervor.

Im Stillen Ozean umfassen die deutschen Kolonien folgende Gebiete: Deutsch-Neuguinea, den Bismarck-Archipel und die nördlichen Salomonen, die Karolinen, Palau- und Marschallinseln, die Marianen und Samoa. In China tritt dazu Kiautschou. Der Gesamtflächenraum der ozeanischen Gebiete beträgt rund 250,000 qkm, wovon allein auf Neuguinea 181,000, auf den Bismarck-Archipel 57,000 entfallen. Die übrigen Inseln verteilen sich über riesige Räume, sind aber einzeln genommen an Flächeninhalt meist winzig klein.

Trotzdem waren sie in ihrer Gesamtheit für unser ganzes Wirtschaftsleben außerordentlich bedeutungsvoll. Wenn unsere Fettnot einen so hohen Grad hat erreichen können, so liegt das in erster Linie am Ausfall der ozeanischen Kopraeinfuhr, d. h. der getrockneten Kerne der Kokospalme.

Deutsch-Neuguinea oder Kaiser-Wilhelmsland bildet den nordöstlichen Teil jener gewaltigen Insel. Sein Inneres ist nur erst längs der beiden Hauptströme, dem Kaiserin-Augustafluß und dem Ramu, bekannt; es ist vorwaltend Waldgebiet, dem indessen auch Grasflächen nicht fehlen. Vom Bismarck-Archipel mit Neupommern und Neumecklenburg als Hauptinseln waren vor dem Kriege besonders der östliche Teil Neupommerns, die Gazellehalbinsel, und einige Teile Neumecklenburgs wirtschaftlich gut erschlossen worden. Alle diese Inseln, gleichwie Neuguinea auch, sind stark gebirgig im Gegensatz zu den Karolinen und Marschallinseln, die bis auf wenige reine Korallengebilde sind. Sie sind die eigentliche Heimat der Kokospalme, die unter der Vegetation wie im Leben der Eingeborenen eine sehr große Rolle spielt. Vulkanischer Natur sind dafür die Samoa-Inseln und die Marianen.

Die Verteilung unserer Kolonien über drei Erdteile bringt es mit sich, daß ihre Bevölkerung sich aus sehr verschiedenen Elementen zusammensetzt. Am einfachsten liegt die Sache bei Kiautschou, für das an eingesessener Bevölkerung nur Chinesen in Frage kommen. Die Südseekolonien beherbergen schon weit mannigfaltigere Rassenbestandteile: das schöne Samoa Polynesier, Leute von recht heller Hautfarbe und mit Gesichtszügen, die auch nach unserm Geschmack recht ansprechend sind; die Marianen, Karolinen, Palau= und Marschallinseln Mikronesier; Neuguinea, der Bismarck= archipel und die deutschen Salomoninseln Melanesier, Papu= anen und Zwergvölker. Polynesien, Melanesien und Mikro= nesien sind Benennungen je nach der Eigenart der betreffen= den Inseln oder der Hautfarbe ihrer Bewohner; Poly= nesien, d. h. Vielinselland, heißt so nach der ungeheuren Zahl seiner meist korallischen Eilande; Mikronesien, d. h. Kleininselland, nach der Winzigkeit der Inselbildungen; Melanesien, d. h. Schwarzinselland, nach der dunklen Haut= farbe der Bevölkerung. Alle drei Bevölkerungsgruppen gehören der malaischen Rasse an, während die Papua von Neuguinea und einigen Teilen des Bismarckarchipels und der Salomonen, sowie die nur erst flüchtig berührten Zwerge im Innern Neuguineas anscheinend uralteingesessene Schichten darstellen.

Nach langläufiger Ansicht ist Afrika das Land des Negers schlechthin. Das ist nur bedingt richtig, indem der ganze Norden und große Teile des Nordostens bis ins rein äquatoriale Ostafrika hinein von Rassen bewohnt werden, die mehr oder minder mit uns Weißen verwandt sind.

Das kleine Togo ist fast rein negroid, indem sich zu seinen im übrigen recht buntsprachigen Stämmen und Stämmchen von Sudannegern nur im Norden Fulbe ge= sellen, die von heller Hautfarbe sind. Kamerun ist in wenigen Worten schon schwerer zu fassen. Zu unterst liegen hier Zwergvölker, anscheinend Verwandte des südafrikanischen Buschmanns, die ruhelos als Jäger durch den Urwald schweifen. Den ganzen Süden und Osten bevölkern Bantu= neger, d. h. Stämme jener großen Gruppe, die das ganze südliche Dreieck des Erdteils mit Ausnahme des äußersten Südwestens füllt und die man mit diesem gemeinschaftlichen Namen umfaßt, weil ihre Sprachen ganz gleichartig gebaut sind. Bantu = Menschen ist die Mehrheitsform von Umuntu. Alle Hauptworte dieser Sprachen verändern sich nur in den Vorsilben (Präfixen), und gleichzeitig ändern sich auch so andere Wortklassen.

Der Nordwesten und Norden von Kamerun ist bunt= scheckiger, indem hier neben alteingesessenen Sudanneger= stämmen auch zahlreiche Zuwanderer aus nördlichen Ge= bieten sitzen. Dazu auch rinderzüchtende Fulbe und hau= sierende Haußa, die beide von Haus aus zu hellen nord= afrikanischen Rassen gehören.

Deutsch-Südwestafrika beherbergt trotz seiner an Kopfzahl schwachen Bevölkerung ebenfalls mancherlei völkische Besonderheiten. Die älteste Schicht sind die kleinwüchsigen Buschmänner, aus deren einem Teil durch Vermischung mit einem nordostafrikanischen Element die ebenfalls lohfarbigen, aber großwüchsigen Hottentotten entstanden sind. Sprachlich sind beide Völker durch Schnalzlaute oder Klixe ausgezeichnet. Jünger, aber ihrer Herkunft und Rassenstellung nach einstweilen noch rätselhaft, sind die Bergdamera oder Haukoin, die das Aussehen des Sudannegers mit der Sprache der Hottentotten und der schweifenden Lebensweise der Buschmänner verbinden. Zu den Bantu gehören die bekannten Herero und Obambo im Norden.

Deutsch-Ostafrika endlich ist wieder ausgesprochenes Grenzgebiet, ganz wie Kamerun. Die älteste Schicht bilden auch hier Zwerge oder Pygmäen. Darüber lagern als Hauptelement zahlreiche Bantustämme. Im Nordwesten, in den Landschaften Ruanda und Urundi und den Nachbargebieten, werden diese Bantu beherrscht von den großwüchsigen, rinderzüchtenden Wahuma oder Baima, während im Nordosten die diesen verwandten Massai die Rolle der Eroberer gespielt haben. In den Süden sind im Laufe des neunzehnten Jahrhunderts kriegerische Kaffernstämme aus dem fernsten Südosten des Erdteils eingedrungen, die dann am nördlichen Ostufer des Njassa mächtige Reiche gegründet haben, während mehr nach der Küste zu Jao und Makua eine friedliche Einwanderung vom Süden her vollziehen.

Kulturstand und Beschäftigung aller dieser Völker und Völkchen sind ebenso verschieden, wie die natürliche Ausstattung ihrer Wohnsitze und ihre eigene Veranlagung selbst. Ganz unproduktiv, d. h. noch ohne Feldbau und Viehzucht, sind die Buschmänner und ihre Verwandten in den wüstenhaftesten Teilen des küstennahen Deutsch-Südwestafrika, sowie die Zwerge von Deutsch-Ostafrika und Kamerun. Der Viehzucht liegen ob die Herero Deutsch-Südwestafrikas, die Wahuma und Wahehe in Deutsch-Ostafrika und die Fulbe in Kamerun und Nordtogo, während alle übrigen Völker einen den Hilfsmitteln nach primitiven, an Ergebnissen aber immerhin beachtenswerten Feldbau pflegen. Dabei bauen die Südseevölker naturgemäß andere Kulturpflanzen als Ost- oder Westafrika oder Nordchina. Ihre Wahl hängt von der Beschaffenheit des Bodens wie von der Art des Herkommens und der Beeinflussung der einzelnen Kulturkreise von anderen Erdgebieten ab.

Der Charakter aller dieser Völker läßt sich am besten aus ihrem Verhalten zu uns während des Weltkrieges erkennen. Im Gebiet des Stillen Ozeans ist die Bewohnerzahl der dortigen deutschen Kolonien im allgemeinen zu gering, auch war das Band, das sie mit uns verknüpfte, noch nicht eng genug, um eine Stellungnahme für uns erwarten zu lassen. Auch Togo ist zu schwach bevölkert, als daß es irgendwelchen Widerstand hätte leisten können; es wurde nach kurzer, tapferer Gegenwehr von den Engländern von Westen und den Franzosen von Osten her überrannt. In Deutsch-Südwest war das eigentliche Volkstum der Herero durch den Krieg 1904—1906 bereits vernichtet worden, so daß sie als Machtfaktor nicht mehr in Frage kamen. In Kamerun haben sich alle Stämme des Innern loyal und treu zu uns verhalten. Nicht jedoch die Duala und einige Völkerschaften des küstennahen Südens. Die Duala haben dem Feinde Tür und Tor geöffnet und sich auch an den Mißhandlungen der Deutschen beteiligt, während die Mabea und Buli im Süden sich in kleinen Aufständen versuchten.

Um so leuchtender steht Deutsch-Ostafrika da. Mehr als 3½ Jahre steht die kleine schwarze Truppe gegen einen in jeder Beziehung übermächtigen Feind im Felde: ohne Schutz gegen Unbilden jeder Art, ohne Medikamente, ohne Munitionsersatz. Und doch hält die schwarze Bevölkerung nach wie vor treu zu den Deutschen, die ihnen also doch mehr geworden sein müssen, als nur der weiße Tyrann und Ausbeuter, wie es die Engländer behaupten. Wenn ein Zug die Richtigkeit unseres kolonialen Systems beweist, so ist es diese Treue des Ostafrikaners.

Die wirtschaftliche Bedeutung unserer Kolonien.

Von Dr. Zeller, Reichskolonialamt.

Bei Ausbruch des Krieges sah Deutschland auf eine 30jährige koloniale Betätigung zurück. Wir mußten Kolonialmacht werden, wollten wir Weltmacht werden. Wir mußten tropische Gebiete erwerben, wollten wir bei dem Bezuge wichtiger Rohstoffe von fremden Völkern möglichst unabhängig werden und Absatzgebiete für unsere Industrieerzeugnisse zu eigen haben. Wenn dieses Ziel heute noch nicht erreicht ist, so liegt das in der Natur der Sache und in der kurzen Zeitspanne kolonialer Tätigkeit, nicht aber etwa in mangelnder Produktionskraft unserer Schutzgebiete begründet. Unsere Kolonien stellen vielmehr wertvolle Wirtschaftsgebiete dar, wie ihre bisherige Entwicklung gezeigt hat. Wären sie es nicht, würden unsere Feinde so viel Geld und Blut an ihre mühsame Eroberung gewandt haben?

Das wertvollste Kapital in unseren Schutzgebieten sind die Eingeborenen; von ihnen hängt in erster Linie die Entwicklungsfähigkeit tropischer Länder ab. Da an sich solche Gebiete meist nicht sehr dicht bevölkert sind, so sah von vornherein die Regierung die Hebung der Bevölkerungszahl, die Verbesserung der sanitären und wirtschaftlichen Lage der Eingeborenen als ihre vornehmste Aufgabe an. Beeinflußt man den Neger in richtiger Weise, so ist er ein tüchtiger, gewandter Arbeiter, der die ihm so oft zugeschriebenen schlechten Eigenschaften verliert. Erzieht man ihm vernünftige Bedürfnisse an, so leistet er auch willig und gerne jede Arbeit, um die Mittel zu erlangen, sie zu befriedigen.

Der wirtschaftliche Wert eines Landes beruht nun zunächst auf den durch die Natur gegebenen Faktoren. Unter diesen spielt das Klima eine Hauptrolle, das auf den Boden und die Vegetation bestimmend einwirkt. Deutsch-Südwest-Afrika ist ein sehr trockenes Gebiet, das weite Sandstrecken aufweist. Von der Küste nach Osten hin nimmt die Vegetation zu, um im Innern gute Weideflächen darzubieten, auf denen rentable Viehzucht möglich ist.

In anderen Schutzgebieten, wie Kamerun, ist dagegen ein Ueberfluß an Wasser vorhanden und erzeugt eine üppige Vegetation. Reiche Niederschläge und wasserreiche Flüsse befeuchten das Land. An der Küste Kameruns zieht sich ein tiefer Urwaldgürtel hin, mit mächtigen Baumriesen und dichten Schlinggewächsen, unter denen sich durch die Feuchtigkeit, den Laubfall und die schnelle Verwitterung, ein außerordentlich fruchtbarer Boden gebildet hat. Jenseits der Waldzone ist das Land offener und trägt Wälder meist nur in den Flußtälern. Aber auch hier ist ein sehr fruchtbarer Boden überall zu finden. Der östliche Teil des Schutzgebietes bietet überall Gelegenheit zur Viehzucht in großem Maßstabe. Nicht so wasserreich wie Kamerun ist Togo. Hier findet sich Urwald nur noch in Teilen von Mitteltogo, während das übrige Land parkartigen oder Steppencharakter trägt. Der Boden aber ist auch hier meist sehr fruchtbar.

In Deutsch-Ostafrika finden wir an der Küste eine Waldzone, die bald in Parklandschaft übergeht, um schließlich in höheren, regenärmeren Lagen eine Dornbuschsteppe zu bilden. Der für Deutsch-Ostafrika charakteristische Miombowald, der meist ohne Unterholz ist, geht in höheren Lagen wieder in Urwald über. Weite Grassteppen vervollständigen das Landschaftsbild. Auch in Deutsch-Ostafrika haben die klimatischen Verhältnisse ein äußerst fruchtbares Land geschaffen.

Die Inseln der Südsee, Deutsch-Neu-Guinea und Samoa, haben in ihrer echt tropischen Ueppigkeit viel Aehnliches mit der Kameruner Küstenwaldzone. Reicher Lava- und Korallenboden fördert hier eine üppige Vegetation.

Der Europäer kann jetzt fast überall in unseren Kolonien ohne Gefahr für seine Gesundheit leben. Wälder sind gerodet, Sümpfe trockengelegt und sanitäre Einrichtungen aller Art geschaffen. Ueberall in Deutsch-Südwest und auf den Hochländern der tropischen Kolonien ist sogar dauernde Ansiedlung möglich.

Die natürlichen Reichtümer unserer Kolonien zogen von Anfang an die Aufmerksamkeit des Handels auf sich. In den Wäldern fanden sich zahllose Bäume, die Oel und Kautschuk lieferten, Kopal, Harze und viele andere Wildprodukte, die von den Eingeborenen ausgebeutet werden und hochwertige Marktprodukte an Europa liefern. Unzählige Arten von Edelhölzern gibt es hier, die teilweise schon erfolgreich ausgebeutet werden, meist aber noch der Nutzung harren. Unter den Tieren des Waldes ist es in erster Linie der Elefant, welcher wegen seiner Elfenbein-

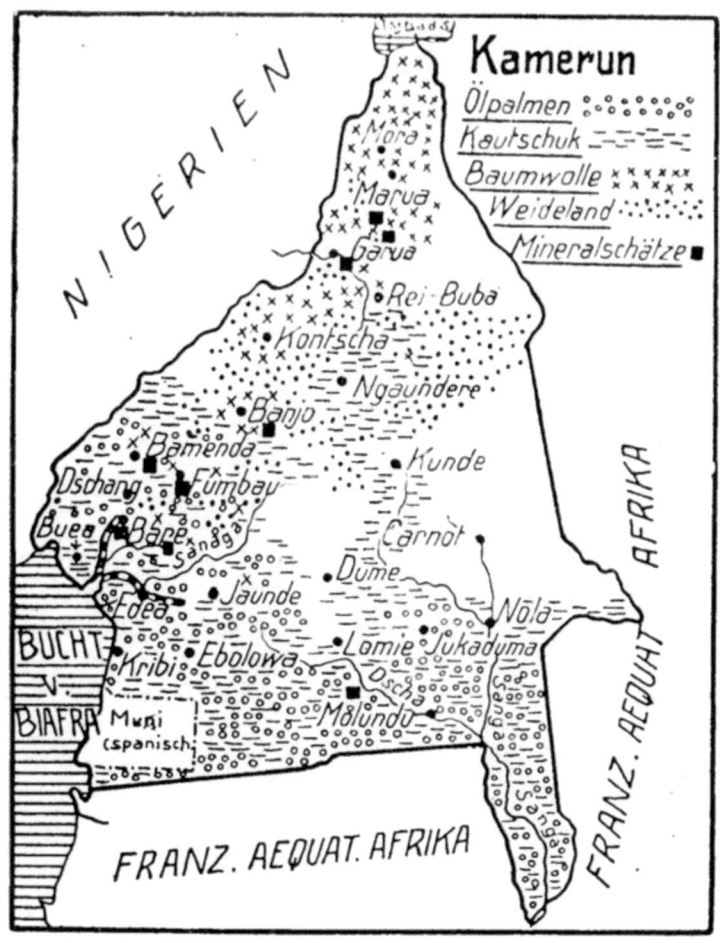

Wirtschaftskarte von Kamerun.

zähne Jägern und Händlern ein verlockendes Ziel bietet. In Südwest sind es die Diamanten, welche in großem Maßstabe gewonnen werden und als freie Gabe der Natur die Kolonie besonders wertvoll machen.

Aber in den freiwillig von der Erde dargebotenen Gaben erschöpft sich nicht der wirtschaftliche Wert unserer Schutzgebiete. Zur Sammeltätigkeit der Eingeborenen muß die produktive Arbeit des Landbaues treten. Hierzu bietet sich nun reichste Gelegenheit. Selbst in dem von der Natur etwas stiefmütterlich behandelten Südwest-Afrika wird erfolgreich der Anbau von Nahrungsmitteln, Wein, Obst und Tabak betrieben, die zwar noch nicht für den Export in Frage kommen, wohl aber die Bedürfnisse der Bevölkerung des Landes befriedigen helfen.

Ausgedehnter ist die Ackerbautätigkeit in unseren tropischen Kolonien. Wie wir sahen, steht hier meist ein sehr fruchtbarer Boden zur Verfügung, welcher jährlich mehrere Ernten liefert. Ist auch die Arbeitsmethode des Negers oft noch primitiv, so ist sie doch keineswegs immer unzweckmäßig. Vielfach hat hier der Weiße vom Schwarzen lernen können.

Der Anbau von Nahrungsmitteln steht naturgemäß überall im Vordergrunde. Reiche Ernten lohnen meist die geringe Mühe. Süßkartoffeln, Maniok, Yams, Mais, Durrha, Reis, Planten u. ä. werden auf Waldlichtungen oder Feldern angebaut, sichern die Ernährung der Bevölkerung und werden auch teilweise exportiert. Auch dem Anbau von Handelsgewächsen widmen sich die höherkultivierten Stämme, und die Ausfuhr von Erdnüssen, Sesam, Baumwolle und Sisalhanf legt Zeugnis davon ab. Den Eingeborenen zum seßhaften Ackerbauer zu machen, ist ein wichtiges wirtschaftliches und politisches Ziel und ist von uns schon meist erreicht.

Besonders intensiv und rationell wird der Anbau von Handelsgewächsen auf den Pflanzungen der Europäer betrieben, welche besonders sachgemäß angelegt und gepflegt werden. In Kamerun finden wir ganze Wälder von angepflanzten Kakao-, Kautschukbäumen und Ölpalmen. In neuerer Zeit ist hier auch Tabak in großem Stile gebaut worden, der ein vorzügliches Deckblatt ergeben hat. Auch Bananen hat man plantagenmäßig kultiviert.

In Deutsch-Ostafrika finden wir Baumwolle, Sisalhanf, Kautschuk, Kokospalmen, Ölpalmen und Kaffee pflanzungsmäßig kultiviert. In Togo Kakao, Ölpalmen, Kautschuk und Baumwolle und in den deutschen Kolonien der Südsee Kokospalmen, Kautschuk und Kakao. Solche Plantagen haben außer ihrer direkten Bedeutung für den Weltmarkt noch einen großen Wert für das Schutzgebiet selbst, indem sie die Neger zu anhaltender, systematischer Arbeit auf der Grundlage modernster Kulturmethoden erziehen, was natürlich der Wirtschaft des ganzen Landes zugute kommt.

Mit den Plantagen sind vielfach maschinelle Aufbereitungsanlagen verbunden, wie Kakaoanlagen, Oelwerke,

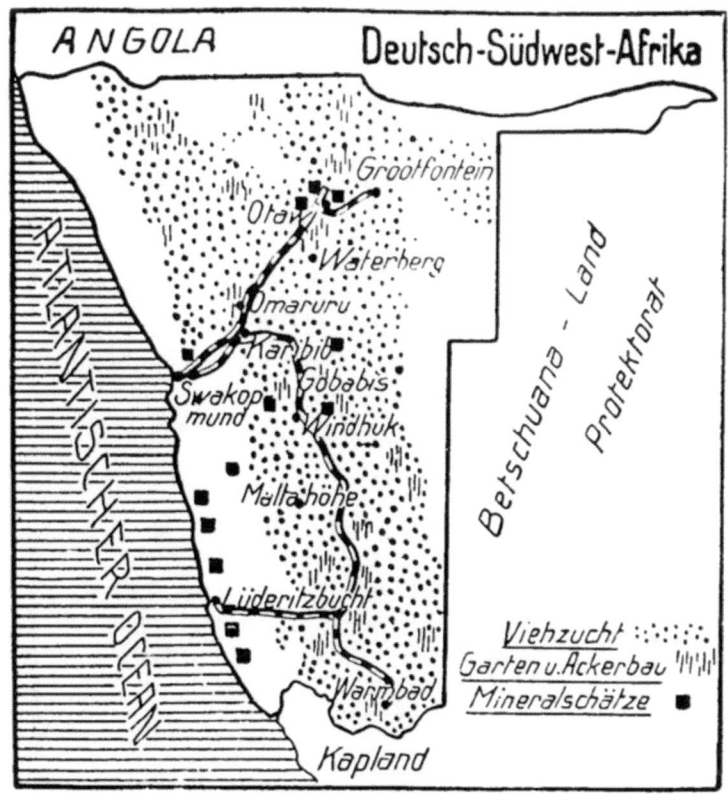

Wirtschaftskarte von Deutsch-Südwestafrika.

Kautschukanlagen, Baumwollentkernungsanlagen u. a., welche besonders hochwertige Marktprodukte liefern und viele Arbeitskräfte für andere Zwecke freimachen.

Auch Viehzuchtsgebiete sind unsere Kolonien. In Deutsch-Südwestafrika wird die Zucht von Rindern und Schafen hauptsächlich von weißen Ansiedlern in systematischer, zielbewußter Weise betrieben und geht einer großen Zukunft entgegen.

In Deutsch-Ostafrika, Kamerun und Togo liegt die Viehzucht noch überwiegend in den Händen der Eingeborenen, die darin mit Geschick tätig sind. Durch die Gouvernements wird hier die Viehzucht in die richtigen Bah-

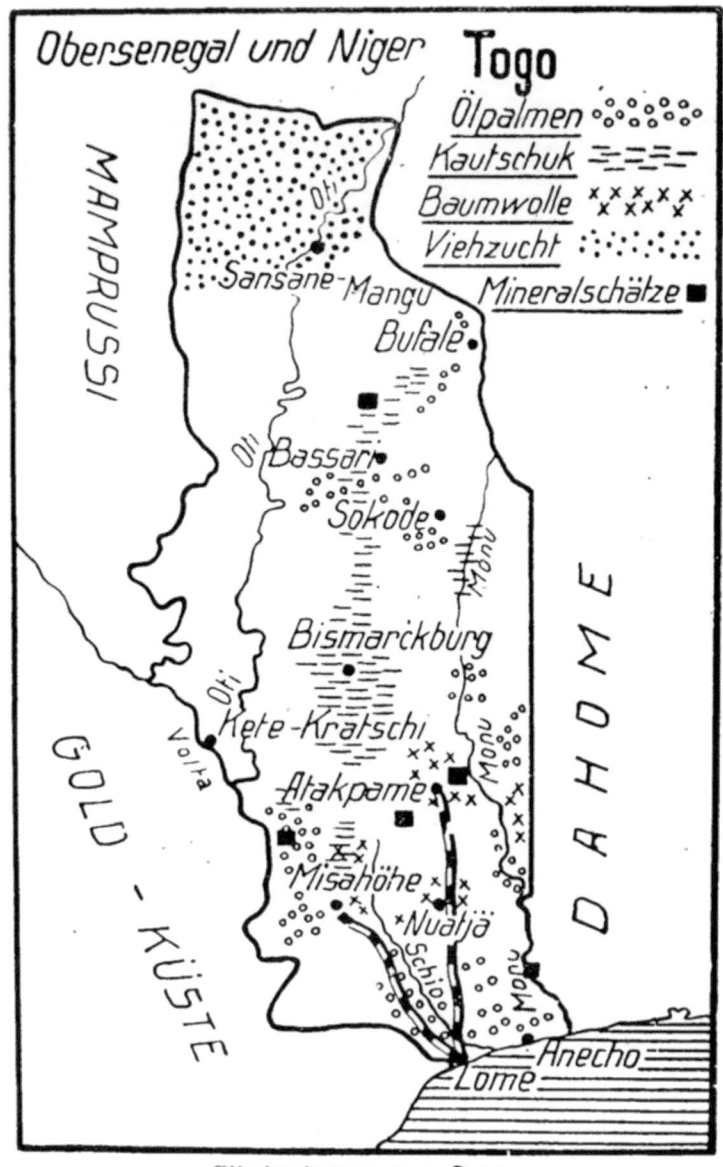

Wirtschaftskarte von Togo.

nen geleitet, so daß wir auch in diesen Kolonien mit guten Erfolgen zu rechnen haben. Und wenn auch in absehbarer Zeit, außer in Südwest, noch nicht an eine Ausfuhr von Fleisch zu denken ist, so bedeutet schon die Fleischversorgung der europäischen und eingeborenen Bevölkerung einen

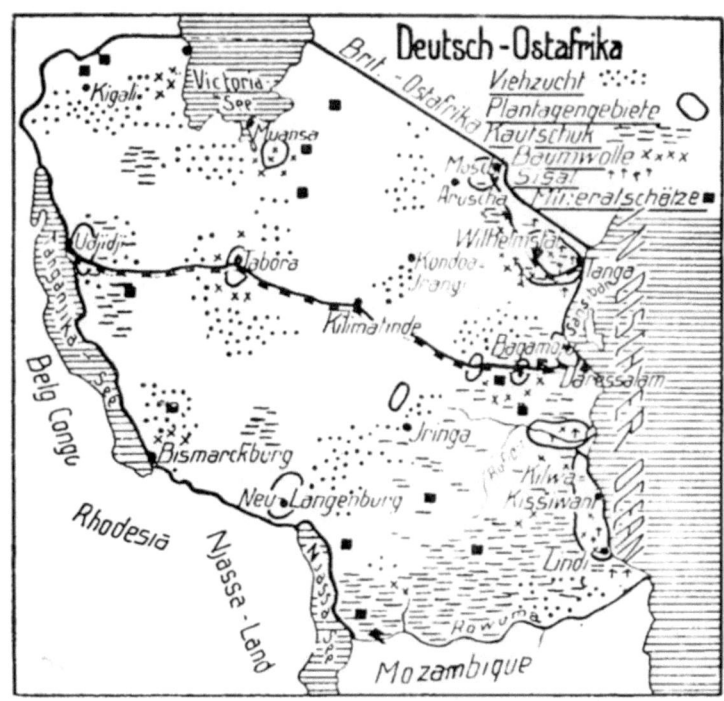

Wirtschaftskarte von Deutsch-Ostafrika.

großen Erfolg. In den tropischen Kolonien beschränkt sich die Viehzucht meist auf Rinder, deren Rassen veredelt werden.

Auch Straußenzucht findet vielfach ihre Vorbedingungen und wird in Südwestafrika bereits in nennenswertem Umfange betrieben.

Der Bergbau spielt bisher nur in Deutsch-Südwestafrika eine für das Wirtschaftsleben bedeutsame Rolle. An der Küste werden, wie schon erwähnt, Diamanten gewonnen. Außerdem werden große Mengen Kupfererze ausgeführt. Eisen findet sich weit verbreitet.

In Deutsch-Ostafrika ist der Abbau von Glimmer entwickelt; die Schürftätigkeit auf Gold war erfolgreich. Außerdem finden sich Eisen, Kupfer, Blei, Graphit und Salz.

In Kamerun finden sich Spuren von Gold, Glimmer und Eisen, ohne bisher jedoch praktische Bedeutung erlangt zu haben.

In der Südsee ist der Abbau von Phosphatlagern bereits zu einer Industrie geworden. Auch Gold ist dort vorhanden, und die Wahrscheinlichkeit, noch andere Edelmetalle zu finden, sehr groß.

Die bisher genannten Ausfuhrprodukte werden nicht alle in Küstennähe gewonnen, sondern müssen teilweise sehr weit transportiert werden. Das geschah früher in den tropischen Kolonien ausschließlich auf dem Kopfe des Negers oder, soweit möglich, auf den schwierigen Wasserwegen. Eine langsame und unzuverlässige Beförderung.

Der Ausbau von Wegen, teilweise sogar von Autostraßen, verminderte die Verkehrsnot zwar, aber erst durch die großzügige Eisenbahnpolitik des Staatssekretärs Dernburg wurde der Hebel an der richtigen Stelle angesetzt. Heute haben wir in unseren Kolonien schon 4176 Kilometer Eisenbahnen in Betrieb und 300 Kilometer im Bau. Wenig zwar noch, aber ein guter Anfang. Nur so war es möglich, daß die gesamte Ausfuhr unserer Kolonien 1912 schon einen Wert von 121 Millionen Mark erreichen konnte, gegen 22 Millionen 10 Jahre früher.

Die vorstehenden knappen Zeilen konnten die wirtschaftliche Bedeutung unserer Kolonien nur in Umrissen skizzieren, doch werden sie gezeigt haben, daß wir aus ihnen eine gewisse Menge fast aller Kolonialprodukte beziehen können, die wir brauchen. Oelfrüchte, Faserstoffe, Kautschuk, Kakao, Kaffee, Tabak, Häute, Elfenbein, Wachs, Kopal, Nutzhölzer, Erze aller Art, Gold, Diamanten, Phosphate, Glimmer u. a. liefern uns unsere Schutzgebiete.

Auf allen Gebieten kolonialer Produktion haben wir die Lernjahre hinter uns. Durch Zusammenarbeit der verschiedenartigen Versuchsstationen der Regierung mit den Praktikern ist es gelungen, die rechten Methoden zu finden und erfolgreich den Weg zur Hebung der Schätze in den Kolonien zu beschreiten.

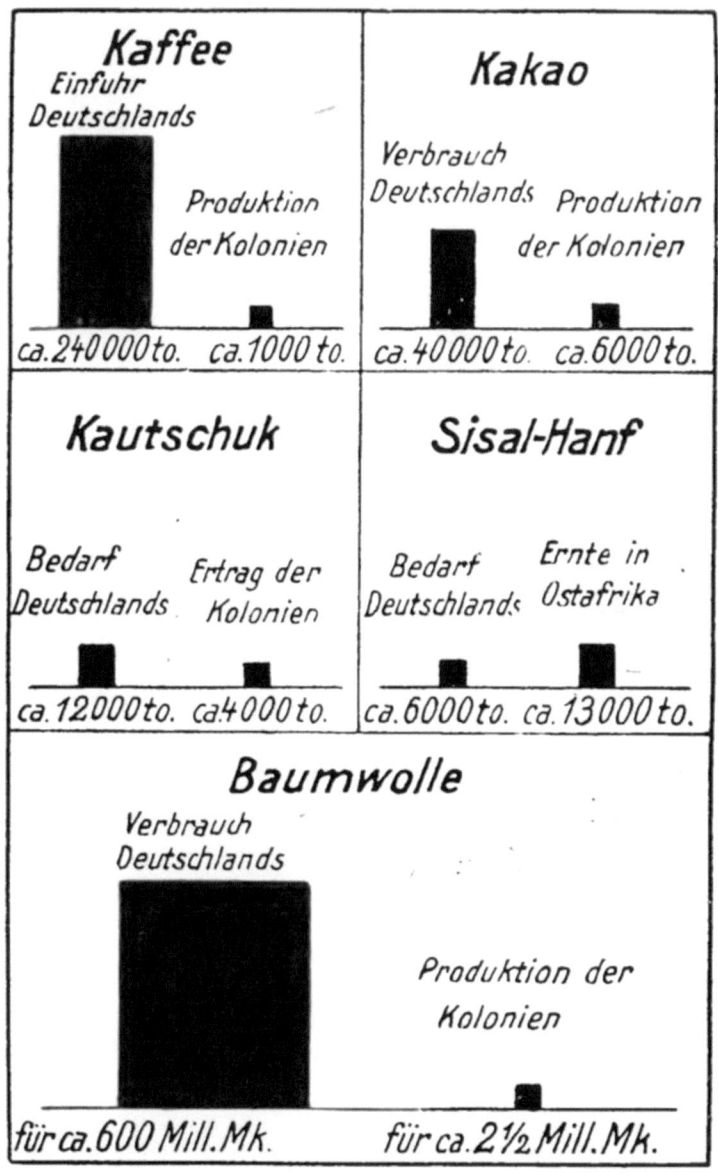

Deutschlands Bedarf im Vergleich mit der Produktion seiner Kolonien.

Der Krieg hat uns nun einstweilen um die Früchte und Ernte unserer Arbeit gebracht. Aber gerade der Krieg ist es auch, der uns deutlicher als je zuvor die Bedeutung eines Kolonialbesitzes vor Augen geführt hat. Reichen auch die in unseren Schutzgebieten produzierten Mengen an Rohstoffen noch nicht aus, um unseren Markt ganz zu befriedigen, sie helfen mit dazu, daß wir frei von der Willkür anderer Völker werden. Sobald die Meere wieder frei sind, werden uns aus unseren Kolonien Produkte, die wir jetzt so entbehren, zufließen; besonders Fette, Baumwolle und Kautschuk. Wir sehen also, daß wir die Kolonien nach dem Kriege weniger entbehren können, als je zuvor.

Der Krieg in den Kolonien.

Von **Hauptmann Keil**, Kommando der Schutztruppen.

Wider alles Erwarten ist der Weltkrieg auch auf unsere afrikanischen Besitzungen übertragen und damit unser Vertrauen auf das Solidaritätsgefühl der weißen Rasse und in die Wirksamkeit der Kongoakte, nach der alle innerhalb ihres Geltungsbereiches liegenden afrikanischen Kolonialgebiete im Falle kriegerischer Verwicklung als neutral gelten sollten, bitter enttäuscht worden. Die Schutz- und Polizeitruppen, deren Zweckbestimmung es war, Ruhe und Ordnung in den Schutzgebieten aufrechtzuerhalten, und deren Zahl, Bewaffnung und Ausrüstung diesen Aufgaben angepaßt war, sahen sich plötzlich genötigt, den Ueberfall weit überlegener, mit allen modernen Kampfmitteln versehener Kräfte abzuwehren; unsere Feinde glaubten wohl, sich auf diesem Wege billig Faustpfänder für den Ausgang des Weltkrieges verschaffen zu können.

So leicht aber, wie sie es sich dachten, ist ihnen dank der Tapferkeit unserer Landsleute und der treuen Anhänglichkeit der eingeborenen Bevölkerung der Raub unserer Kolonien nicht geworden.

Das kleine Togo konnte trotz zähester Gegenwehr in verhältnismäßig kurzer Zeit überrannt werden, das Land war zu klein, um länger erfolgreichen Widerstand zu leisten. Vor allem galt es hier, die im Innern des Landes errichtete Großfunkenstation bei Kamina, die die alltägliche Verständigung mit allen Schutzgebieten in Afrika bewerkstelligte, so lange als möglich zu erhalten; verschiedene Gefechte, so am 15. 8. 1914 bei Agbeluwoe und am 22. 8. 1914 am Chrafluß verfolgten lediglich den Zweck, die Einnahme dieses wichtigen Punktes hinauszuschieben. Auf die Dauer aber war es der tapferen Verteidigung nicht möglich, sich gegen die große, von allen Seiten heranrückende Uebermacht zu halten, und so vollzog sich ihr unvermeidliches bedauerliches Geschick in schnellem Gange. In der Nacht vom 24. bis 25. 8. 1914 wurde die Großfunkenstation gesprengt und am 27. 8. 1914 das Schutzgebiet an die Franzosen und Engländer übergeben.

Der feindliche Angriff auf die Südsee-Besitzungen erfolgte mit der australischen Flotte und hatte zunächst die Vernichtung der Funkenstation Bitapaka zum Ziele. Nach Ausschiffung einer Landungsbrigade gelang es dieser, die dort befindliche kleine Besatzung zu vernichten. Es erfolgte hierauf die Beschießung von Herbertshöhe und die Eroberung des Gouvernementssitzes Toma. Als der Gouverneur erkannte, daß angesichts der unendlich überlegenen Streitkräfte die Fortsetzung des bewaffneten Widerstandes seiner aus 250 Köpfen bestehenden Macht keinesfalls einen auch nur nennenswerten Erfolg zeitigen konnte, nahm er die ihm angebotenen Verhandlungen an und kapitulierte am 21. September 1914 unter außerordentlich günstigen Bedingungen.

Mit

Südwestafrika

hatte der Feind schon erheblich schwereres Spiel. Hier bestand die Schutztruppe aus neun Kompagnien berittener Infanterie und drei modernen Gebirgsbatterien. Durch Einziehung von allen irgendwie brauchbaren Leuten konnte die Truppe auf 5500 Mann gebracht werden, gegen die die Südafrikanische Union ein auf das glänzendste ausgerüstetes Expeditionsheer von 65,000 Mann ins Feld führte. Trotz dieses Mißverhältnisses zögerte die deutsche Truppe keinen Augenblick, den ungleichen Kampf mit voller Entschlossenheit aufzunehmen.

Anfang September 1914 machten sich die ersten Zeichen bemerkbar, daß sich stärkere feindliche Abteilungen dem Oranjefluß näherten. Dem deutschen Führer, Oberstleutnant v. Heydebreck, gelang es, diesen Gegner, der über den Oranjefluß auf deutsches Gebiet eingedrungen war, bei Sandfontein so empfindlich zu schlagen, daß er seine Operationen im Süden des Schutzgebietes alsbald einstellen und das Hauptgewicht des Angriffs auf den Vorstoß von Lüderitzbucht aus legen mußte.

Hier hatten die Engländer Ende September mit der Landung einer größeren Truppenmacht begonnen, gegen die die Hauptmacht der Deutschen bei Aus zusammengezogen wurde; es lag in der Absicht der deutschen Leitung, in der starken Stellung bei Aus den Angriff des Gegners zu erwarten und zu siegen oder vernichtet zu werden.

In dieser Zeit mußte eine deutsche Abteilung unter Major Franke nach dem Norden abgezweigt werden, um

der bei einem friedlichen Besuch des portugiesischen Forts
Naulila erfolgten heimtückischen Ermordung deutscher
Offiziere die gebührende Sühne zu verschaffen.

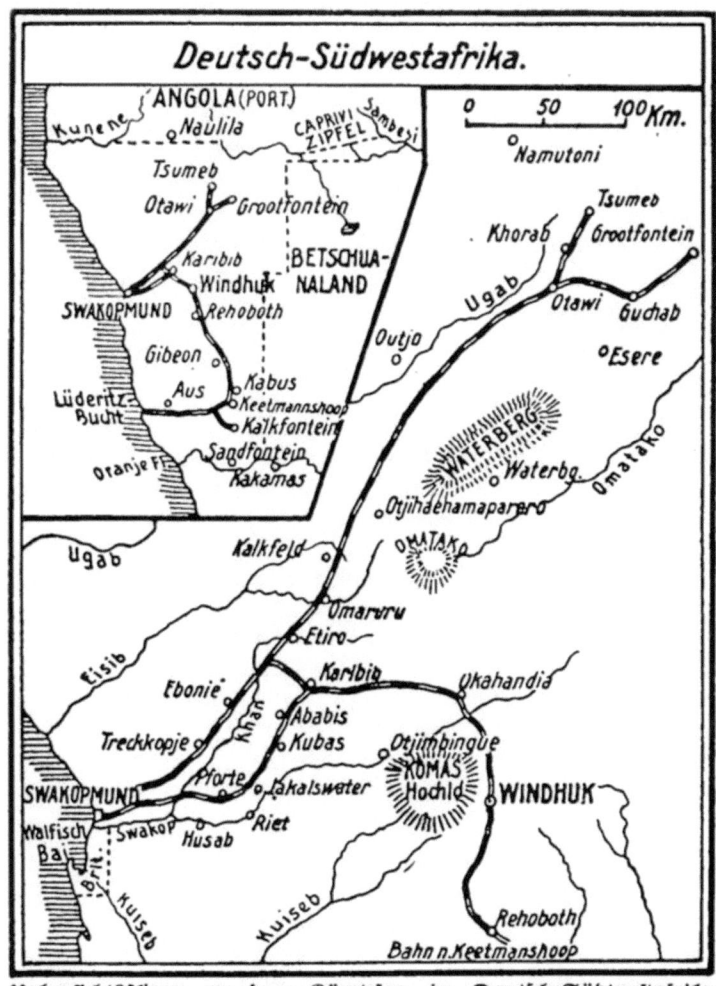

Uebersichtsskizze zu den Kämpfen in Deutsch-Südwestafrika.

Mitte Dezember kam es dort zu einem scharfen Gefecht, das mit der Vernichtung der portugiesischen Fortsbesatzung endete. Nach seiner Rückkehr aus dem Norden übernahm Oberstleutnant Franke für den an einer inzwischen erlittenen Verwundung verstorbenen Oberstleutnant v. Heydebreck den Befehl über die gesamten deutschen Streitkräfte.

Zunächst ereignete sich außer kleineren Zusammenstößen und Patrouillengefechten nichts von besonderer Bedeutung; nur einmal griff eine englische Kolonne die deutschen Vorposten bei Garub an, mußte sich aber infolge drohender Umklammerung schleunigst wieder zurückziehen.

Um die Jahreswende 1914/15 zwang die Landung starker Abteilungen südafrikanischer Truppen in Walfischbai und der sofort beginnende Bau einer Bahnlinie nach Norden zum Anschluß an die Bahnlinie Swakopmund—Windhuk, ferner der Bau einer Bahn im Süden mit dem Ziel Kalkfontein zur Aufgabe des deutschen Verteidigungsplans. Zwar gelang es einer gegen letztere vorgetriebenen schwachen Abteilung, die Engländer bei Kakamas zu schlagen, es glückte ihr aber nicht, sie zu vernichten und damit die drohende Gefahr einer Umfassung der befestigten Stellung bei Aus von Süden her zu beseitigen. Da auch die Absicht General Bothas immer klarer zu Tage trat, von Norden her gegen Aus vorzudringen, mußte die deutsche Führung sich zur Räumung der Stellung und damit zur Aufgabe des ganzen Südens der Kolonie entschließen. Auch erfolgreiche Nachhutgefechte bei Kabus und Gibeon vermochten die nachdringenden starken englischen Abteilungen auf die Dauer nicht aufzuhalten, zumal da die Ereignisse auf dem rechten deutschen Flügel und das Ausbrechen des Bastard-Aufstandes, dessen Entwicklung den noch im Süden operierenden deutschen Truppen unter Umständen den Weg zum Anschluß an die Hauptkräfte verlegen konnte, ein weiteres Standhalten verboten. Die aufständischen Bastards gelang es in Schach zu halten, so daß größeres Unheil für die dort wohnenden Ansiedler vermieden wurde.

An der Swakopmundbasis war inzwischen von den Deutschen eine Stellung bei Pforte, Jakalswater und Riet besetzt worden, die von den Unionstruppen am 20. März 1915 mit überlegenen Kräften angegriffen wurde. Dank des vorzüglichen Pferde- und Automaterials gelang es letzteren, durch Umgehung die Stellung bei Pforte abzuschneiden und damit die Deutschen zur Räumung der Stellung bei Riet und Jakalswater zu zwingen, auf die ein von zwanzigfacher Uebermacht ausgeführter Angriff vorher mißlungen war.

Nachdem die Engländer mit diesem Erfolg das Haupthindernis zur Eroberung des Schutzgebiets — den Namisgürtel — überwunden hatten, entschloß sich die deutsche Führung, die Truppen nicht an die Hauptstadt Windhuk zu binden, sondern weiter nach Norden zurückzugehen. Hierbei kam es am 26. April bei Treckkopje zu einem heftigen Gefecht, das zunächst erfolgreich verlief, dann aber, als die Engländer von allen Seiten auf Automobilen Verstärkungen heranführten, zum Abbruch des Kampfes führte. Die deutschen Truppen wurden in das Kalkfeld bei Waterberg zurückgenommen, Karibib und Windhuk von den Engländern besetzt.

Da aber auch in der neuen Stellung wiederum die Gefahr der Umklammerung drohte und die deutsche Truppe von den Engländern, die über Outjo ausholten, bereits überflügelt war, mußte der Rückzug nach Norden in die Gegend von Otawi fortgesetzt werden, wo es Anfang Juli nochmals zu einem scharfen Gefecht kam, in dem die Deutschen dem übermächtigen Feind weichen und bis Khorab zurückgehen mußten.

Hier verschanzten sich die Reste der Schutztruppe in wenig günstiger Stellung zum letzten Widerstand, vom Gegner wiederum durch Umgehungsmanöver bald in weitem Umkreis eingeschlossen. Munition war zwar noch vorhanden, aber die Verpflegung war zu Ende, Pferde und Maultiere hatten schon lange kein Kraftfutter mehr erhalten und waren nicht mehr verwendungsfähig, ein Durchbruch war daher unmöglich.

Da entschloß sich der bei der Truppe befindliche Gouverneur zur Vermeidung von weiterem aussichtslosem Blutvergießen und Erzielung möglichst günstiger Uebergabebedingungen zu Verhandlungen, die am 9. Juli 1915 zur ehrenvollen Uebergabe der noch etwa 3000 Mann starken Truppe und des gesamten Schutzgebiets führten.

Der Schlußakt der Tragikomödie des „Heldenkampfes der Union gegen das kleine Südwest", „des Elefanten gegen die Maus", wie ein in Südafrika veröffentlichtes Spottgedicht auf Botha ihn nannte, war zu Ende, die kleine deutsche Schutztruppe war vermittelst der technischen Verkehrsmittel, über die die feindliche Uebermacht in überreichem Maße verfügte, einfach aus ihren Stellungen herausmanövriert und schließlich erdrückt worden.

In Kamerun

standen der Landesverteidigung im ganzen etwa 1000 deutsche und 6000 farbige Soldaten zur Verfügung.

Gegen diese kleine Macht drangen von allen Seiten weit überlegene feindliche Streitkräfte vor, und Engländer, Franzosen, Belgier in Stärke von etwa 60,000 Mann bemühten sich um die Wette, Deutschland seinen aussichtsreichsten westafrikanischen Besitz zu entreißen. Aber so schnell, wie sie gehofft hatten, sollte es ihnen doch nicht gelingen. Die Kriegsereignisse spielten sich wie folgt ab: Im Nordwesten Kameruns überschritten im August 1914 drei starke englische Kolonnen die Grenze. Die erste besetzte am 25. August den deutschen Zollposten Nsanakang, wurde jedoch schon am 6. September durch einen deutschen Gegenangriff nahezu völlig zersprengt. Erst Ende Dezember 1914 zeigten sich hier am Kreuzfluß wieder neue englische Truppen, die nunmehr in der Richtung auf Ossidinge vordrangen. In wechselnden Kämpfen sind sie dort bis zum Oktober 1915 von schwächeren deutschen Grenzschutzabteilungen festgehalten worden.

Die zweite englische Kolonne war auf der Straße Jola —Garua am Benue vorgerückt. Ihr erster Angriff auf Garua selbst endete mit einer völligen Niederlage. Die Trümmer dieser Abteilung wurden deutscherseits bis dicht unter die Mauern von Jola verfolgt. Diese empfindliche Schlappe, die das Ansehen der Engländer in Adamaua und den Ländern um den Tschadsee auf das schwerste gefährdete, veranlaßte die Engländer zu den größten Anstrengungen und Anfang Januar 1915 begannen sie im Zusammenwirken mit den Franzosen mit überlegenen Kräften die Einschließung des unterdessen deutscherseits notdürftig befestigten Garua. Im Mai 1915 wurde die Einschließung enger, und am 10. Juni mußte sich nach verschiedenen, nur teilweise geglückten Durchbruchsversuchen der Rest der Besatzung nach zehntägiger schwerer Beschießung ergeben.

Nach dem Fall von Garua rückten die feindlichen Truppen nach Süden auf das Hochland von Ngaundere und Banjo vor. Ngaundere mußte bereits am 27. Juni geräumt werden, während sich die um Banjo kämpfenden deutschen Schutztruppenabteilungen noch längere Zeit erfolgreich behaupten konnten. Am 24. Oktober erfolgte auch die Aufgabe von Banjo, die deutschen Schutztruppenabteilungen zogen sich nach Süden zurück. In all diesen

Kämpfen hatte weniger die militärische Ueberlegenheit der zahlenmäßig stärkeren feindlichen Truppen den Ausschlag gegeben, sondern das schwere feindliche Geschütz und der Munitionsmangel der deutschen Abteilungen.

Die dritte englische Kolonne des Nordwestens war auf Mora marschiert und hatte hier nach verschiedenen eigenen

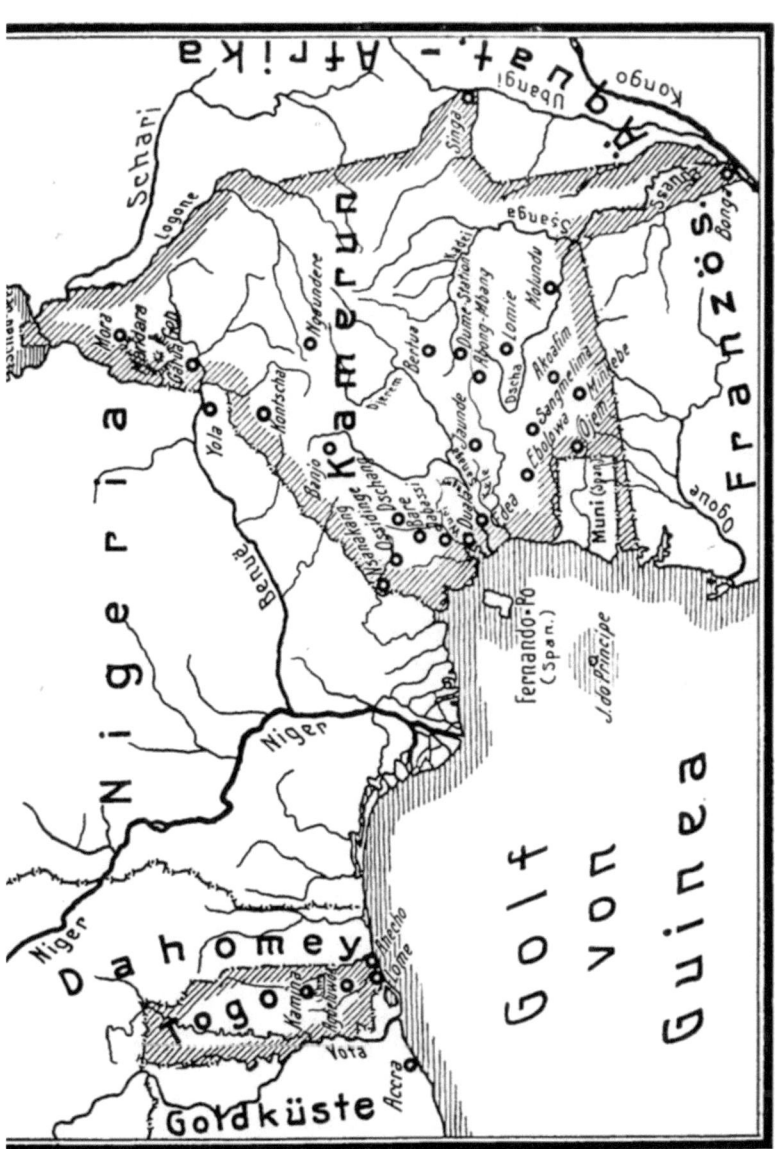

Karte des Kriegsschauplatzes in Togo und Kamerun.

Schlappen eine deutsche Kompagnie schließlich in einer Bergstellung im Mandaragebirge einschließen können. Fast eineinhalb Jahre hat diese kleine deutsche Macht dort der sie belagernden feindlichen Uebermacht, den Unbilden des Klimas, dem Mangel an Lebensmitteln getrotzt. Erst im Februar 1916, als unterdessen die Entscheidung im Süden schon gefallen war, mußten diese letzten deutschen Verteidiger aus Kamerun sich aus Munitionsmangel dem Feinde ergeben.

Noch erbitterter als an der englisch-deutschen Nordwestgrenze waren die Kämpfe im deutsch-französischen Grenzgebiet gegen Osten und Südosten. Auch die Franzosen hatten gleich in den ersten Tagen des August im Verein mit den Belgiern drei starke Kolonnen über die deutsche Grenze geschickt. Von der ersten dieser Kolonnen wurde in der Nacht vom 6. auf den 7. August der deutsche Zollposten Singa, der noch keine Ahnung vom Ausbruch des Krieges hatte, überfallen. Den Franzosen gelang es, verhältnismäßig schnell bis in die Gegend von Bertua vorzurücken, und erst zu Beginn des Jahres 1915 waren die deutschen Abteilungen hier so stark, daß sie die Franzosen hinter den Kadei wieder zurückschlagen konnten. Ueber ein halbes Jahr brauchten die Franzosen zur Heranziehung von Verstärkungen, Neuorganisation ihrer rückwärtigen Verbindungen und Wiederaufnahme des Vormarsches, der sie über die Stationen Dume und Abongmbang bis an den Sanaga führte. Hier wurde aber die Wucht ihres Vormarsches wieder gebrochen, und in erbitterten für die Franzosen sehr verlustreichen Urwaldgefechten wurde diese französische Kolonne wieder bis Bertua zurückgetrieben.

Die zweite französische Kolonne war von der Sangamündung über den ebenfalls völlig unvorbereiteten deutschen Zollposten Bonga vorgerückt und hatte sich nach dauernden schweren Kämpfen Ende Dezember bis Molundu durchgekämpft. Von hier aus suchte sie durch das zwischen diesen Orten befindliche Urwaldgebiet Lomie zu erreichen, welches in der ersten Hälfte des Jahres 1915 der Schauplatz erbitterter und langwieriger Stellungskämpfe wurde. Dem einen Teil der schließlich über Lomie vorrückenden französischen Kolonne wurde der Weg am oberen Dscha verlegt, der andere Teil, und zwar die Hauptkräfte dieser Kolonne, wandte sich westlich auf Sangmelima, um im Verein mit der dritten von Minkele und Djem im Süden andrängenden französischen Kolonne zu versuchen, durch Besetzung von Ebolowa den deutschen Streitkräften den Weg nach dem spanischen Gebiet zu verlegen. Nach einigen anfänglichen Erfolgen hieß es aber auch hier für die Franzosen erst halt

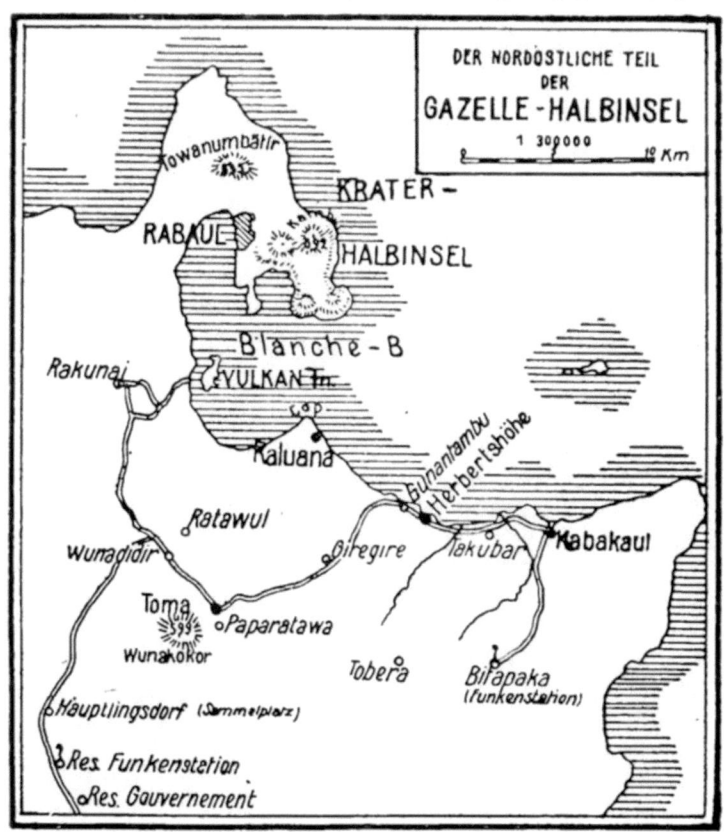

Uebersichtsskizze zu den Kriegsereignissen in der Südsee.

und dann zurück. Die erbittertsten Kämpfe fanden dabei um Akoafim statt, wo eine französische Abteilung noch im November 1915 eine besonders schwere Schlappe erlitt.

Die Entscheidung selbst brachten aber nicht diese Kämpfe im Nordwesten und Südosten des Schutzgebietes, sondern das monatelange erbitterte Urwaldringen zwischen Duala und Jaunde. In den ersten Tagen des September 1914 erschien ein von einer großen Anzahl von Truppentransportdampfern begleitetes feindliches Geschwader vor der unbefestigten Kamerunmündung.

51

Nachdem die Engländer und Franzosen bei Duala und an mehreren Plätzen nördlich und südlich davon auf Kameruner Boden Fuß gefaßt hatten, suchten sie in das Innere vorzudringen, wohin die deutschen Truppen auf drei Verkehrswegen und zwar an der Nordbahn, am Wuri und an der Mittellandbahn sich zurückgezogen hatten.

An der Nordbahn gelang es den deutschen Abteilungen, den feindlichen Vormarsch monatelang aufzuhalten. Nach einer vorübergehenden Besetzung des Bezirkshauptortes Dschang bildete die Gegend von Bare bis zum November 1915 den Schauplatz dauernder kleinerer und größerer Gefechte. Der Feind wagte augenscheinlich nicht, sich von der von ihm wiederhergestellten Eisenbahnlinie allzuweit zu entfernen.

Am Wuri kam es bei Jabassi zu einem größeren Gefecht. Nicht weniger als 10 englische Kompagnien mit mehreren Geschützen, unterstützt von Panzerbarkassen, griffen hier am 8. Oktober 1914 die schwache deutsche Abteilung an und erlitten eine schwere Niederlage.

Der Hauptteil der für die Verteidigung Kameruns zur Verfügung stehenden deutschen Kräfte hatte sich an der Mittellandbahn zurückgezogen. Gegen sie richtete sich auch der hauptsächlichste feindliche Angriff. Edea mußte der feindlichen Uebermacht gegenüber aufgegeben, eine vorbereitete Stellung an den Kele-Ngwe-Flüssen dagegen konnte monatelang gehalten werden. Stellungskämpfe wechselten hier mit Ueberfallsgefechten im dichten Urwald ab. Im Mai 1915 rafften die Feinde alle verfügbaren Kräfte zusammen, zogen neue Verstärkungen heran und glaubten schon mit dem Ueberschreiten des Kele-Ngwe-Abschnittes den Sieg errungen zu haben. Aber sie hatten zu früh triumphiert. Noch einmal gelang es unter unerhörten Anstrengungen den durch die dauernden Kämpfe gelichteten, durch Krankheiten in den dichten ungesunden Urwäldern erschöpften deutschen Truppen, die Feinde zurückzuwerfen.

Die Lage war aber trotz dieses schönen Erfolges eine recht bedenkliche geworden. Die deutschen Munitionsvorräte näherten sich dem Ende, während anderseits der Feind, erbittert durch die dauernden Niederlagen, neue erhebliche Anstrengungen zur Erreichung seines Zieles machte. Es konnte nur noch die Aufgabe der deutschen Truppenleitung sein, diesen neuen, im November 1915 einsetzenden Angriff so lange aufzuhalten, bis es allen an den verschiedenen Grenzen kämpfenden Schutztruppenabteilungen gelang, den Abmarsch nach Süden in der Richtung auf das neutrale spanische Gebiet zu bewerkstelligen. Diese Kämpfe konnten mit Aussicht auf einigen Erfolg nur in den Urwäldern geführt werden, da auf den um Jaunde herum liegenden Hochsteppen die feindliche Ueberlegenheit an Zahl und Artillerie das Ringen noch aussichtsloser gemacht hätte. Noch einmal wurden die Urwälder westlich, nördlich und östlich von Jaunde und später, nach Räumung von Jaunde, südlich dieser Stadt Zeugen eines erbitterten Ringens. Was unmöglich schien, gelang. Der Rest der in 1½jährigem ununterbrochenem Kampf Kamerun verteidigenden deutschen Schutztruppe, im ganzen 575 Europäer und rund 5000 farbige Soldaten, konnte in der zweiten Hälfte des Januar 1916, gefolgt von einer größeren Anzahl treu zur deutschen Herrschaft haltenden Eingeborenen, das gastliche spanische Gebiet erreichen.

Der Kampf um

Deutsch-Ostafrika,

jener unvergleichliche Heldenkampf, den nach Ausspruch unseres Allerhöchsten Kriegsherrn die Welt nie und nimmermehr erwartete, wird in dem nachfolgenden Aufsatze geschildert.

Der Heldenkampf um Deutsch-Ostafrika.
Mit einer Kartenskizze.

In Deutsch-Ostafrika standen zu Beginn des Krieges dem Kommandeur der Schutztruppe, Obersten von Lettow-Vorbeck, nur 2540 farbige Soldaten unter Führung von 216 deutschen Offizieren und Unteroffizieren, unter denen sich allein 32 Sanitätsoffiziere und 49 Sanitätsunteroffiziere befanden, sowie 2140 schwarze Polizeisoldaten unter 45 Polizeiwachtmeistern, zur Verfügung.

Die Zahl der farbigen Soldaten (Askari) konnte durch Einstellung der sich zahlreich meldenden Freiwilligen um einige Tausend erhöht werden. Sie fand ihre Begrenzung an der Möglichkeit ihrer Bewaffnung und konnte erst gesteigert werden, nachdem teils durch Erbeutung, teils durch die beiden glücklich hinausgelangten Hilfsschiffe die Verhältnisse günstiger geworden waren. Hierzu kamen ferner etwa 2400 wehrfähige Deutsche, die aber aus wirtschaftlichen und anderen Gründen nicht sofort sämtlich zum Dienst bei der fechtenden Truppe herangezogen werden konnten. Zu diesen traten später noch das europäische Personal der in den Häfen liegenden deutschen Handelsschiffe mit rund 240, die Besatzungen des Kreuzers „Königsberg" und des Vermessungsschiffes „Möbe" mit 322 bezw. 102 Köpfen, sowie die von den in Häfen Portugiesisch-Ostafrikas liegenden deutschen Schiffen nach Deutsch-Ostafrika entkommenen 105 Mann.

Am 1. Februar 1915 standen 1697 Europäer und 6250 Askari und am 2. April 1915 2000 Europäer, 7500 Askari und 2000 Hilfskrieger unter Waffen. Zieht man alle Möglichkeiten in Betracht, so kann die Gesamtmacht im höchsten Falle 3000 Europäer und 13,000 farbige Soldaten umfaßt haben.

Einige Geschütze veralteter Art waren vorhanden, moderne dagegen gar nicht; die Zahl der Maschinengewehre war verhältnismäßig klein. Die Bewaffnung der Truppe bestand zum überwiegenden Teil aus der Jägerbüchse 71 mit rauchstarker Munition. Alle Kräfte waren auf das ganze fast 1,000,000 Gebietkilometer große Gebiet verteilt.

Diese Verhältnisse muß man sich vergegenwärtigen, wenn man die Taten der Verteidiger von Deutsch-Ostafrika richtig einschätzen will.

Die Nachricht von dem Ausbruch des Weltkrieges traf in Deutsch-Ostafrika am 5. August 1914 ein, und alsbald unternahmen England und seine Gefolgschaft die erforderlichen Schritte, Deutschland diese Kolonie zu entreißen.

Bereits am 8. August 1914 eröffneten englische Kreuzer durch Beschießung der unbefestigten und unverteidigten Stadt Daressalam die Feindseligkeiten, und bald entwickelte sich eine rege Tätigkeit an allen Grenzen. Deutsche Aufklärungstrupps drangen unter heftigen Gefechten in Belgisch-Kongo und in Rhodesien ein, der englische Kreuzer „Pegasus" wurde auf der Reede von Zansibar von dem kleinen Kreuzer „Königsberg" vernichtet, nach Britisch-Ostafrika wurden Abteilungen vorgetrieben, der englische Ort Tabeta besetzt und die Uganda-Bahn mehrfach durch Patrouillen erfolgreich gesprengt.

Der bedeutendste englische Angriff auf deutsches Gebiet erfolgte am 3. November 1914 bei Tanga. Hier landeten die Engländer unter dem Schutze ihrer Schiffsgeschütze etwa 8000 Mann europäischer und indischer Truppen, die in dreitägigem erbitterten Kampfe vernichtend geschlagen wurden und sich nach Verlust eines Viertels ihres Bestandes wieder auf die Schiffe flüchten mußten. Gleichzeitig wurden starke englische Angriffe gegen den Longidoberg nördlich des Kilimandscharo abgewiesen.

Um die Jahreswende 1914/15 machten die Engländer nochmals einen Versuch, in das Schutzgebiet einzudringen, wurden aber bei Jassini am 18./19. Januar 1915 abermals nachdrücklich geschlagen.

Am Ostufer des Viktoriasees gelang es den Engländern, Anfang 1915 Schirati in Besitz zu nehmen, wo sie aber Anfang März angegriffen und über die Grenze zurückgetrieben wurden. Im Juni zwang auf dem Westufer des Sees die bedeutende Uebermacht der Engländer zur vorübergehenden Aufgabe der Station Bukoba. An den übrigen Grenzen des Schutzgebiets wurden die erfolgreichen Vorstöße fortgesetzt, und bis zum Beginn des Jahres 1916 hatten die Engländer nur den einen wirklichen Erfolg der Vernichtung des kleinen Kreuzers „Königsberg" zu verzeichnen, der im Rufidji-Delta vor englischen Schlachtschiffen und Kreuzern, die nach ihm fahndeten, eine Zuflucht gefunden hatte. Im übrigen hatten sie alle Hände voll zu tun, sich der angriffsweise geführten deutschen Grenzverteidigung zu erwehren, so daß sie sich überzeugen mußten, daß es anderer Anstrengungen bedürfe, den Raubzug gegen Deutsch-Ostafrika zu glücklichem Ende zu führen.

Die Engländer scheuten kein Mittel und Opfer. Zu Beginn des Jahres 1916 stellten sie mit Hilfe der Regierung Bothas in der südafrikanischen Union neue Truppenmassen auf und gewannen auch Belgier und Portugiesen zu einer großangelegten Offensive gegen die Kolonie. Die Gesamtmacht der gegen Deutsch-Ostafrika in Bewegung gesetzten Truppen betrug rund 100,000 Mann.

Der erste Stoß traf auf das Kilimandscharo-Gebiet, das sie nach erbittertem und für die Südafrikaner recht verlustreichen Kämpfen in Besitz nahmen. Bald darauf gelang es ihnen, Usambara zu erobern, aber die erhoffte Vernichtung des hier kämpfenden Hauptteils der Schutztruppe blieb aus. Ein erster, allzu kühn von Aruscha aus auf die Tanganjikabahn unternommener Vorstoß endete im Mai 1916 mit einer gründlichen Niederlage der Engländer bei Kondoa-Jrangi, und es bedurfte erheblicher Anstrengungen, bis der britische Oberbefehlshaber Smuts erneut seine Truppen gegen die Lebensader des Schutzgebiet, die Tanganjikabahn, führen konnte, die er nach wechselvollen Kämpfen im August zwischen Dodoma und Morogoro in seine Gewalt zu bringen vermochte.

Erleichtert wurde Smuts seine Aufgabe durch die Belgier, die mit überlegenen Kräften, gegen Ruanda, Urundi und das Ostufer des Tanganjikasees vorrückend, die dortigen schwachen deutschen Abteilungen zurückdrängten, ferner durch den Druck der Engländer, die über den Kagera gegen Bukoba und über den Viktoriasee gegen Muansa angesetzt wurden, und durch einen Vorstoß einer englischen Kolonne, die von der rhodeschen Grenze gegen Jringa vorging.

Nun entstanden in Deutsch-Ostafrika zwei örtlich getrennte Kriegsschauplätze. Der eine, schwächere Teil der Schutztruppe stand um Tabora, um diese zweite Hauptstadt des Landes so lange als möglich zu halten, die zweite die Hauptmacht, hielt sich nach Zurückweisung eines englischen Angriffs bei Kissaki am Mgeta-Fluß, im Ulanga-Abschnitt. Sicherungsabteilungen standen im Westen gegen Jringa und Lupembe und im Süden gegen die Portugiesen.

In der ersten Hälfte des Monats September kam es bei Tabora zu einer zehntägigen Schlacht, die mit der Einnahme der Stadt durch die von Ruanda und Urundi sowie vom Tanganjikasee aus vorgedrungenen Belgier und die von Muansa kommenden Engländer endete. Trotz heldenmütig-

Karte des Kriegsschauplatzes in Deutsch-Ostafrika.

ster Gegenwehr mußten die tapferen Verteidiger zurück, die Uebermacht an Menschen und Material war zu groß.

Den zurückgehenden deutschen Truppen gelang es, bei Ngominji die englischen Sperrlinien, die durch die von der rhodischen Grenze vormarschierte Kolonne von Jringa über Lupembe bis Ssongea gebildet war, in erfolgreichem Angriff zu durchbrechen und sich mit der im Mahenge-Bezirk stehenden Hauptmacht zu vereinigen, die ihrerseits die Durchbruchs-Operationen durch Angriffe auf die englischen Stellungen am Ruhudjefluß unterstützt hatte. Nur eine kleinere deutsche Abteilung konnte die Sperrlinie nicht durchbringen und mußte bei Jlembule kapitulieren.

Teile der vereinigten deutschen Streitmacht wandten sich nunmehr zunächst gegen die Portugiesen, die Ende November 1916 bei Newala, einige Kilometer nördlich des Rowuma, empfindlich geschlagen wurden; die deutschen Truppen drängten über den Grenzfluß nach und schlugen den Gegner erneut bei Nangadi. Versuche der Engländer Anfang Dezember von Kilwa aus, die bei Kibata in den Matumbibergen gelegenen deutschen Stellungen zu nehmen, scheiterten.

Um die Jahreswende 1916/17 hielten somit die deutschen Streitkräfte noch das Gebiet zwischen der vom Feinde besetzten Ostküste, dem Ruhundje-Kilombero-Rufijifluß im Norden, dem Robumafluß im Süden und einer vom oberen Ruhudje aus der Gegend von Ifinga nach der Gegend am Robuma oberhalb Sassawara verlaufenden Linie im Westen. Ein Gebiet, das immerhin noch der Größe von Sachsen, Bayern, Württemberg, Baden und Elsaß-Lothringen entsprach. Schwächere Kräfte waren nördlich des Rufiji in der Richtung auf Kissaki am Mgetafluß vorgeschoben. Letztere mußten Anfang Januar 1917 auf das südliche Rufijiufer zurückgenommen werden.

Mit Beginn der dann einsetzenden großen Regenzeit kamen die Angriffsbewegungen der verbündeten feindlichen Streitkräfte im allgemeinen zum Stillstand. Bereits gegen Ende 1916 sah sich General Smuts genötigt, die Truppen der Südafrikanischen Union größtenteils nach Südafrika zurückzutransportieren, da sie den an sie zu stellenden Anforderungen nicht mehr gewachsen waren. Als Ersatz zog er farbige westafrikanische Bataillone, sowie vermutlich auch neue indische Verbände heran und leitete die Aufstellung weiterer farbiger Truppenteile in die Wege.

Inzwischen blieb aber die deutsche Schutztruppe nicht untätig. Trotz Ungunst der Witterung und trotz des ihr an Zahl und Hilfsmitteln noch immer weit überlegenen Gegners ging sie zum Angriff über. Nach Westen gelang es, die Engländer aus dem Gebiet bis zum Nyassa-See und oberen Ruhudje hinauszudrängen. Von hier aus durchbrach eine Abteilung über Utengule und dem Rikwa-See die englischen Linien und strebte in Eilmärschen auf Tabora. Sie überschritt dann südöstlich davon die Bahn, durchstreifte die

Gebiete nördlich und östlich des Nyarassa-Sees und wandte ich dann wieder nach Süden. Von überlegenen feindlichen Streitkräften gestellt und umzingelt, höchstwahrscheinlich auch Mangel an Munition leidend, mußte sie sich dann im September 1917 am Westabhange der Nyuruberge ergeben.

Andere deutsche Streif-Abteilungen hatten den Robuma überschritten und waren durch portugiesisches Gebiet bis an den Grenzen von Britisch Nyassaland vorgedrungen, von wo ich sich bis zum August 1917 wieder auf deutsches Gebiet zurückzogen. Wieder andere kleinere Streif-Abteilungen waren aus dem Gebiet von Mahenge nach Norden auf Kilossa und nach Nordwesten auf Iringa und Lupembe vorgestoßen.

Den bedeutendsten Erfolg zeitigte der etwa im März unternommene Vorstoß gegen die Küste; er brachte das ganze Gebiet von Kilwa-Kisiwani bis zur Robumamündung wieder in deutschen Besitz.

Mit dem Ende der Regenzeit, etwa Mitte Mai, begann dann die neue Offensive der Engländer und ihrer Verbündeten; bedeutende Verstärkungen waren dazu herangezogen worden. Nach oberflächlicher Schätzung kann man die feindliche Uebermacht auf das Zehn- bis Fünfzehnfache der deutschen Streitkräfte annehmen.

Der eigentliche Angriff begann Anfang Juni 1917. Er erfolgte von der Küste her von Kilwa und Lindi aus, von Nordwesten und Westen über Iringa, Lupembe und Songea durch englische und südafrikanische Truppen und von Norden aus der Richtung Kilossa durch die von Tabora herangeholten Kongo-Belgier, während zur Sperrung der Robumalinie die Portugiesen heranrückten, denen sich weiter westlich englische Abteilungen anschlossen.

Im Laufe der nun folgenden Ereignisse entwickelten sich wiederum zwei Kriegsschauplätze, deren einer das Gebiet von Mahenge und südlich davon, der andere das Gebiet im Hinterlande von Kilwa und Lindi und schließlich das Makonde-Hochland umfaßte. Während auf ersterem anscheinend nur schwache deutsche Kräfte das Vordringen der vereinigten englisch-kongo-belgischen Streitkräfte zu hindern suchten, trat im Gebiet von Kilwa-Lindi die Hauptmacht der Schutztruppe dem dort angreifenden Gegner gegenüber.

Die im Bezirk Mahenge stehenden Abteilungen der Schutztruppe zogen sich vor der erdrückenden feindlichen Uebermacht im Laufe der Monate Juni bis September unter steten hartnäckigen Kämpfen allmählich auf Mahenge selbst und, nachdem sie diesen Ort Anfang Oktober hatten räumen müssen, zwischen dem 23. Oktober und 8. November auf Mgangira am Lutweguflutz zurück. Von hier aus scheint der Führer dieser Abteilung den Entschluß des weiteren Rückzuges nach Süden beziehungsweise Südwesten zum Anschluß an die zu der Zeit auf dem Makondehochland stehende Hauptmacht der Schutztruppe gefaßt zu haben. Am 15. und 16. November erkämpfte er sich den Durchbruch durch die einerseits von Songea, andererseits von Kilwa auf Liwale vorgegangenen feindlichen Abteilungen und setzte, gefolgt vom Gegner, seinen Marsch auf Newala fort. Dieser Platz war jedoch inzwischen bereits von feindlichen, gegen das Makonde-Hochland vorgehenden Truppen besetzt worden, andere waren von Süden kommend über Tunduru im Vormarsch. Auf diese Weise wurde die deutsche Abteilung von drei Seiten gefaßt und genötigt, am 27. November nordwestlich Newala in Stärke von 111 Europäern und 1200 Askari zu kapitulieren. Es scheint jedoch, daß entweder einem Teil dieser deutschen Abteilung oder einer anderen von ihr getrennt operierenden Abteilung der Durchbruch nach Süden über den Rohuma bei Ngomano geglückt ist.

Im Lindibezirk war es den Engländern gelungen, Anfang Juni unter dem Schutze ihrer Kriegsschiffe bei Lindi zu landen. In einer Reihe von wechselvollen und sehr verlustreichen Kämpfen vermochten sie die ihnen gegenüberstehenden, jeden Fußbreit auf das Hartnäckigste verteidigenden deutschen Streitkräfte bis Anfang November 1916 bis Nyangao zurückzudrängen.

Auch die andere von Kilwa in südwestlicher Richtung vorgehende feindliche Kolonne konnte nur langsam Boden gewinnen. Erst bis gegen Mitte Oktober war es ihr gelungen, die deutschen Streitkräfte auf die Linie Nyangao-Lukuledi-Mission zurückzuwerfen. Die nunmehr vereinigten englischen Kolonnen begannen nun die in der Linie Nyangao-Lukuledi befindlichen deutschen Stellungen umfassend anzugreifen. Die in den Tagen vom 15. bis 18. Oktober geführten Angriffe scheinen so verlustreich gescheitert zu sein, daß die Engländer erst am 6. November zu neuem Vorgehen befähigt waren und in Richtung Tschiwata und Mwiti Gelände gewinnen konnten. Infolge ihrer Ueberlegenheit gelang es ihnen jedoch, durch weiter ausholende Umfassung des linken deutschen Flügels in den Tagen vom 14. bis 18. November letzteren auf das Makonde-Hochland zurückzudrängen. Nachdem dann am 27. November die auf dem Rückzug aus dem Mahengegebiet befindliche deutsche Abteilung nordwestlich Newala kapituliert hatte und somit fast die gesamte feindliche Macht gegen das Makonde-Hochland angesetzt werden konnte, schien auch das Schicksal der deutschen Hauptabteilung besiegelt. Aber General von Lettow-Vorbeck gab seine Sache nicht verloren. Mit kühnem Entschluß wandte er sich nach Süden, überschritt, die portugiesischen Linien durchbrechend, den Rovuma und drang in Portugiesisch-Ostafrika ein. Deutsch-Ostafrika zwar gab er preis, sicherte sich und dem Rest seiner Truppen aber die Bewegungsfreiheit.

In welcher Richtung sich General von Lettow mit dem Hauptteil seiner Truppen im portugiesischen Gebiet gewandt hat, ist aus den bis jetzt vorliegenden portugiesischen Meldungen nicht klar zu ersehen. Fest steht jedenfalls, daß er den Portugiesen schon mehrere kräftige Niederlagen beigebracht hat, und daß die Spitzen seiner Truppen über 300 Kilometer tief im feindlichen Lande stehen.

Die Taten des Generals Lettow-Vorbeck und seiner tapferen kleinen Schar werden am besten beleuchtet durch das Telegramm des Generalfeldmarschalls v. Hindenburg an den Staatssekretär des Reichs-Kolonialamts, welches lautet:

„Das Schutztruppenkommando hat mir Meldung gemacht von der neuesten Waffentat des Restes unserer ostafrikanischen Schutztruppe unter General von Lettow-Vorbeck. Nach den letzten Nachrichten schien es keinen Ausweg aus der verzweifelten Lage mehr zu geben, das Kesseltreiben beendet zu sein. Statt dessen die freudige Kunde, daß die Kraft der Heldenschar ungebrochen ist, daß sie die deutsche Flagge im schwarzen Erdteil weiter hochhält in der festen Hoffnung auf den kommenden Sieg der deutschen Waffen in Europa. Nur eine Truppe, die rückhaltlos ihrem Führer vertraut, und ein Kommandeur von der Tatkraft des Generals von Lettow sind zu derartigen Leistungen befähigt, denen auch der Gegner seine Achtung nicht versagt, die uns aber mit Stolz und Bewunderung erfüllen. Auch wenn die tapfere Schar später noch der Uebermacht der Feinde erliegen sollte, wird die Geschichte dieses Krieges den General von Lettow und seine Truppe rühmend hervorheben. Gott helfe weiter!"

Die Kämpfe um Tsingtau.
Mit einer Kartenskizze.

Noch vom 26. Juli bis zum 2. August hatte Tsingtau offiziellen japanischen Besuch gehabt und zwar den Generalgouverneur der Provinz Kwantung. General Fukushima, der bei einem Festessen in der japanischen Kolonie eine Lobrede auf Tsingtau hielt. In diese Besuchstage fiel das erste Wetterleuchten des sich in Europa zusammenziehenden Gewitters, die Kunde von erhöhter Kriegsgefahr, Mobilmachung und Kriegserklärungen. Wie ein Schwarm aufgeschreckter Vögel stoben die Badegäste, unter denen Engländer beiderlei Geschlechts überwogen, auseinander und verließen in größter Hast die gastliche, nun von Kriegslärm bedrohte deutsche Kolonie. Dafür aber tauchten andere Neuankömmlinge auf, scharenweise, zu Hunderten. Deutsche Männer in der Vollkraft des Lebens und Jünglinge im ersten wehrpflichtigen Alter. Aus allen Teilen Ostasiens strömten sie herbei, um dem bedrohten Stückchen Heimat ihren starken Arm zu leihen. Hanseaten, Bayern und Preußen, ja sogar Leute, die das Vaterland ihrer hier draußen ansässigen Eltern nur aus Wort und Schrift kannten.

Tsingtau rüstete sich zur Verteidigung. Sofort nach der Abreise des japanischen Besuches war in der Kolonie die Mobilmachung ausgesprochen worden, die Wälder von Haipe und Tsingtau wurden niedergelegt, um freies Schußfeld zu bekommen, unermüdlich geschanzt an Infanterie- und Batteriestellungen. Schon am 23. Juli war der österreichisch-ungarische Kreuzer „Kaiserin Elisabeth" eingelaufen. Ihm folgte am 2. August das Kanonenboot „Jaguar", das aus dem Trockendock in Shanghai bei Nacht und Nebel entwichen und mit höchster Maschinenleistung hierhergedampft war. Am selben Abend kam der Llohddampfer „Prinz Eitel Friedrich", der mit den abmontierten Geschützen der Kanonenboote schleunigst zum Hilfskreuzer ausgerüstet wurde. Mit ihm lief am 6. August der Kreuzer „Emden" aus, beide zu Fahrten von unvergleichlichem Ruhme. Doch am Abend kam „Emden" wieder in den

Hafen und brachte als erste Prise der deutschen Marine in diesem Kriege den Dampfer „Rjäsan" der russischen freiwilligen Flotte mit, der sogleich zum Hilfskreuzer „Cormoran" umgewandelt wurde. In der folgenden Nacht lief nun die „Emden" wiederum aus. Kapitän von Müller führte das Heldenschiff in die indischen Gewässer.

1200 Freiwillige waren inzwischen nach Tsingtau zusammenströmt, Männer, die zum größten Teil Familie, Hab und Gut im Stich gelassen hatten, um zur Fahne zu eilen. Eine ganze Kompagnie von ihnen bestand durchweg aus Reserveoffizieren. Noch glaubte man, daß Tsingtau nur gegen Angriffe der verbündeten europäischen Feinde verteidigt zu werden brauchte, da meldete am 10. August ein Telegramm der Botschaft in Tokio, daß man mit einem japanischen Angriff auf Tsingtau zu rechnen hätte. Am 18. kam die Kunde von dem Ultimatum, das bis zum 15. September die Räumung der Kolonie verlangte.

Die Antwort war das Telegramm des Gouverneurs, Kapitän z. S. Meyer-Waldeck, an den Kaiser: „Einstehe für Pflichterfüllung bis aufs Aeußerste."

Am Tage nach dem Ablauf des Ultimatums kam es zu einem Treffen zwischen unserem Torpedoboot S 90 und dem überlegenen englischen Zerstörer „Kennet", aus dem letzterer schwer beschädigt mit einem Verlust von 13 Mann an Toten und Verwundeten, unter ersteren der Kommandant, hervorging, während S 90 weder Verluste noch Beschädigungen zu verzeichnen hatte. Am 27. August waren dann zum ersten Male japanische Schiffe erschienen und hatten das Feuer gegen die Batterien eröffnet. Gleichzeitig wurden die ersten Landungstruppen ausgeschifft, deren Hauptmacht jedoch erst zwischen dem 7. und 10. September bei Lung Ku im Norden der Halbinsel Schantung unter Verletzung der chinesischen Neutralität landete. Einige hundert Engländer, die seither in Tientsin, Peking und Hankau in Garnison gelegen hatten, langten erst am 23. September in der Laushan-Bucht an. Inzwischen war es am 18. September zum ersten blutigen Zusammenstoß zwischen den von Norden anmarschierenden japanischen Divisionen und unseren bis auf 60 Kilometer von Tsingtau vorgeschobenen Patrouillen gekommen. Dabei hatten wir unseren ersten Toten: Freiherr von Riedesel, bisher Legationssekretär in Peking.

Langsam ging nun der Vormarsch der Japaner vor sich, langsam wichen unsere schwachen Sicherungsabteilungen auf die fünf Hauptinfanteriewerke zurück. Am 23. September setzten die Japaner zum ersten Sturmangriff auf den Kletterpaß an, wurden jedoch mit blutigen Verlusten zurückgeworfen. Fünf Tage später, am 28. September, begann darauf die Beschießung der eingeschlossenen Festung von der Land- wie auch von der Seeseite aus. Hier waren es die japanischen Linienschiffe „Tango" und „Suwo" (die ehemalige „Pobjeda" der Russen, die nach dem Fall von Port Arthur den Japanern in die Hände gefallen war), sowie das englische Schlachtschiff „Triumph", die ihre 30,5- und 28,4 - Zentimeter-Granaten in die Stadt warfen. Trotz stärkster Beschießung unternahm der „Flieger von Tsingtau", Oberleutnant zur See Plüschow, täglich seine wertvollen Erkundungsflüge über die feindlichen Stellungen. Täglich heftiger werdende Angriffe der Japaner wechselten mit kühnen Ausfällen der Unseren. Groß waren die blutigen Verluste der fanatischen Angreifer, die am 12. Oktober um Waffenruhe zur Bestattung der Toten bitten mußten. Am 14. Oktober machte ein Volltreffer den „Triumph" kampfunfähig, so daß er die Reede verlassen mußte. Drei Tage später gelang es S 90 bei einem nächtlichen Vorstoß den japanischen Kreuzer „Takatschie" zum Sinken zu bringen.

Ein letzter Ausfall der Besatzung am 23. brachte dann die Gewißheit, daß die Japaner mit ihren Laufgräben bis unmittelbar an die Werke herangerückt waren. Noch lag die Stille vor dem Sturm über der belagerten Festung, aber jeder der Verteidiger fühlte, daß die Tage Tsingtaus gezählt waren. Vom 26. Oktober ab begann dann das allgemeine große Bombardement. Hatten doch die Japaner den Ehrgeiz, ihrem Mikado zu seinem Geburtstage am 1. November die Uebergabe der deutschen, zähe verteidigten Kolonie melden zu wollen. Aber die heldenhafte Verteidigung durchkreuzte ihre voreiligen Pläne. Nochmals forderte der japanische Kommandant zur Uebergabe auf. Vergeblich. „Bis aufs Aeußerste" hatte der Gouverneur dem Kaiser gelobt, wollte er die Kolonie verteidigen. Mörderisches Feuer aus schätzungsweise 250 Geschützen lag nun Tag für Tag über der Stadt. Die Werft erhielt schwere Beschädigungen, Schwimmdock und der 150-Tonnen-Krahn wurden von uns gesprengt. Auch die kleinen, längst abgerüsteten Kanonenboote versanken in die Tiefe, um sie nicht

in Feindes Hand fallen zu lassen. Am 2. November traf
eine schwere Granate das Elektrizitätswerk. Tsingtau war
fortan ohne Licht. Zwei Tage später mußten unsere Batterien teilweise ihr Feuer einstellen: die Munition ging auf
die Neige. Schon schafften die Japaner Sturmgeräte herbei; das Schicksal Tsingtaus zählte nur noch nach Tagen.
Vom 5. November ab befanden sich sämtliche Werke in an-

Uebersichtsskizze zu den Kämpfen um Tsingtau.

dauerndem Alarmzustand, da unsere geschwächte Artillerie
einen Sturm nicht mehr aushalten konnte. Immer wüten-
der wurden die feindlichen Sturmangriffe, ein Werk nach
dem anderen fiel. Am Abend des 6. November kam dann
der letzte große Angriff, der sich gegen die Mitte der
Stellungen richtete. Nachdem am frühen Morgen des
7. November um 3 Uhr die erste Stellung des dritten Wer-
kes in den Händen der Japaner war, setzte um 5 Uhr der
eigentliche Generalsturm ein. Um 6 Uhr hatten die Angreifer die deutschen Linien durchbrochen und standen im

Rücken der Verteidiger und damit vor der Stadt. Nun war weiterer Widerstand aussichtslos. Nachdem die Geschütze gesprengt waren, stieg um 7 Uhr auf der Signalstation die weiße Flagge hoch: Tsingtau hatte sich 15facher Uebermacht ergeben müssen. In folgenden Worten meldete der Gouverneur den Fall der Festung seinem Kaiser: „Festung nach Erschöpfung der Verteidigungsmittel durch Sturm und Durchbruch in der Mitte gefallen. Befestigungen und Stadt vorher durch ununterbrochenes neuntägiges Bombardement von Land mit schwerstem Geschütz bis 28 Zentimeter Steilfeuer, verbunden mit starker Beschießung von See schwer erschüttert. Artilleristische Feuerkraft zum Schluß völlig gebrochen. Verluste nicht genau übersehbar, aber trotz schwerstem anhaltendem Feuer wie durch Wunder viel geringer als zu erwarten. Meyer-Waldeck."

Mit einer Verlustziffer von 15,000 Mann hatte der Japaner die Bezwingung der trutzigen Feste bezahlt. Das englische Detachement hatte nur zwei Tote! Albion hatte es auch hier meisterhaft verstanden, seine Verbündeten für sich bluten zu lassen. So schmerzlich der Verlust unserer blühenden ostasiatischen Kolonie auch für uns Deutsche war, so söhnte doch der Stolz über das Heldentum der Tsingtaukämpfer uns etwas mit der Trauer aus. Als ein glänzendes Beispiel zähen Verteidigungswillens bis zur völligen Erschöpfung und heldenhaftesten Widerstandes gegen eine riesige Uebermacht wird die Verteidigung von Tsingtau in der deutschen Geschichte aller Zeiten rühmlichst fortleben und für die Welt bis in fernste Zeiten eine Quelle der Bewunderung für deutsches Heldentum sein.

Greueltaten unserer Feinde an den Kolonialdeutschen.
Von Leutnant d. R. Gerhard Mueller.

Als nach Kriegsausbruch die deutschen Kolonien in Afrika von der Verbindung mit dem Mutterlande abgeschnitten waren, begannen die Engländer mit der Inhaftierung aller im Lande befindlichen Deutschen. Die Behandlung, der diese ausgesetzt waren, beweist aufs nachdrücklichste, daß es den Engländern darauf ankam, das deutsche Element in Afrika in jeder nur denkbaren Weise unmöglich zu machen und zu unterdrücken.

Nachdem die deutsche Regierung durch energische Gegenmaßnahmen erreicht hat, daß vor allem die Frauen und Kinder in die Heimat gebracht und die übrigen Zivilgefangenen in einem neutralen Lande interniert wurden, liegen deren eidlich bekräftigte Aussagen über die erlittenen Unbilden vor als ein Beweisstück der Schande unserer Feinde von überzeugender Durchschlagskraft. Die gesamte friedliche, am Kampfe durchaus unbeteiligte weiße Bevölkerung wurde kriegsgefangen weggeführt: die Beamten, alte bewährte Kolonialkaufleute und Pflanzer, Missionare, Aerzte und Sanitätspersonal, Frauen selbst in schwangerem Zustand und mit Säuglingen, sie alle mußten ihre Wohnplätze verlassen und wurden unter endlosen Martern abtransportiert.

Die Gefangensetzung der nicht am Krieg beteiligten Einwohner der Kolonien ist an und für sich schon eine überaus harte und grausame Verletzung des Völkerrechts. Die Art aber, wie sie zustande gekommen ist, bedeutet für die Europäer eine Erniedrigung ihrer Menschenwürde und eine Herabsetzung ihres Ansehens vor den Eingeborenen, die eine Schädigung der Stellung der gesamten weißen Rasse mit sich bringen.

In Duala nahm ein schwarzer englischer Soldat ein Ehepaar in dessen Wohnung gefangen, ohne ihm Zeit zu lassen, sich vollständig anzukleiden. Schwarze Soldaten bewachten die zusammengetriebenen Gefangenen und wiesen sie unter den Augen der englischen Offiziere mit Kolbenstößen zurecht. Die Inhaftierten durften vor der Einschiffung nicht mehr in ihre Wohnungen gehen, um die notwendigsten Kleidungsstücke für die Seefahrt zu holen, und wer den Versuch zu machen unternahm, wurde von schwarzen Soldaten zurückgestoßen. Eskorten von Eingeborenen geleiteten die Gefangenen durch die Straßen und führten sie unter gemeinen Schimpfworten den höhnisch grinsenden Schwarzen vor. Die Koffer, und was sie sonst an beweglicher Habe hatten zusammenraffen können, mußten sie selbst tragen. Zudem erlaubten die englischen Offiziere stillschweigend die gröbsten körperlichen Mißhandlungen, Fußtritte, Stöße mit den Gewehrkolben, Faustschläge u. ä. So war es in Duala, so war es auch in Lome, und so erging es den Kolonialeinwohnern überall, wo sie des deutschen Schutzes beraubt waren.

Es war für die Deutschen die allergrößte Erniedrigung, welche die Engländer hatten ausfindig machen können, sie als Weiße der Gewalt und dem Hohn der Eingeborenen preiszugeben.

Sowohl in Togo als auch in Kamerun bemächtigten sich, während die Gefangenen entfernt wurden, die Engländer, Weiße und Schwarze, Soldaten und Offiziere, Beamte und selbst deren Frauen des zurückgelassenen Privateigentums; besonders erfolgreich requirierte die Gattin des Kommandanten Bettington in Lome Lebensmittel, Wäsche, Silbersachen — alles, was irgendwie mitnehmenswert erschien, wurde von dieser ehrenwerten Dame genommen. Mit welch um so größerer Lust und Rohheit müssen bei solch einem Beispiel erst die Soldaten, und unter diesen wieder besonders die Schwarzen, gehaust haben! Selbst die geweihten Geräte der Gotteshäuser blieben nicht geschont. Und was die Gefangenen an Schmucksachen, Geld, Zigarren, Getränken u. ä. bei sich führten, das nahm man ihnen spätestens auf dem Schiffe ab.

Die Unterbringung und Behandlung auf den Schiffen spricht jeder Menschlichkeit und Menschenwürde Hohn. Zusammengepfercht in ungesäuberten und ungelüfteten engen

Räumen, ohne ausreichende Nahrung, ohne Waschgelegenheit und unter den schmutzigsten sanitären Verhältnissen wurden die Internierten nach den Gefangenenlagern transportiert. Fleisch, das vom Arzt als ungenießbar bezeichnet worden war, wurde ihnen vorgesetzt; schwarze Köche von ekelerregender Unsauberkeit bereiteten ihnen das Essen zu; und so ungenießbar es war, so knapp war es auch zugemessen. Die von der Schiffsbesatzung fortgeworfenen vertrockneten Heringe weichten die Gefangenen tagelang in Wasser auf, um damit ihren wütendsten Hunger stillen zu können. Und zu alledem kam, daß die Aerzte den vielen durch die schlechte Unterbringung und Verpflegung Erkrankten keinerlei sachgemäße Hilfe angedeihen ließen: ein Arzt mutete z. B. einer Dame zu, als Medizin gegen Malaria wasserglasweise Kognak zu trinken.

Einem Zusammenkommen der Eheleute wurden die größten Schwierigkeiten in den Weg gelegt. So war einem Missionar, dessen Frau krank lag, erst am letzten Tage vor ihrem Tode erlaubt worden, sie zu besuchen. Als sie gestorben war, da eröffnete ihm der rohe Offizier, nunmehr habe er die Erlaubnis für ihn erwirkt, täglich zu seiner Frau zu gehen! Und von welcher Gefühlsroheit zeugt es, wenn ein englischer Offizier einer schwangeren Frau sagt, es sei richtiger, alle deutschen Frauen auf eine Insel zu schicken, damit der deutsche Kaiser keine Soldaten mehr habe, Frauen in anderen Umständen sollte man einfach hängen! Die Schiffsbesatzung und die Offiziere waren fast ständig angetrunken; es läßt sich nach dem Angeführten ermessen, zu welchen Ausschreitungen gegen die ihrem Schutze übergebenen Gefangenen sie in diesem Zustande fähig waren. Daß unsittliches Benehmen Frauen und Mädchen gegenüber dazu gehörte, braucht nicht erst ausgeführt zu werden.

Und über alles dies quälte man die Aermsten noch dadurch, daß man ihnen die unglaublichsten Gerüchte vom europäischen Kriegsschauplatz auftischte: die Russen ständen 40 Kilometer vor Berlin, die Franzosen an der Weser; die Engländer hätten nach völliger Vernichtung der deutschen Flotte Helgoland und Hamburg besetzt.

In den Sammellagern war es natürlich ebenso schlecht. Daß schwangere Frauen, die ihrer Niederkunft entgegensahen, mit schwarzen Weibern in demselben Raum untergebracht wurden; daß zur Unterkunft Isolierbaracken verwandt wurden, in denen Gelbfieberkranke gelegen hatten;

daß die Räume, in denen die Gefangenen wohnen und schlafen mußten, keinerlei Fußbodenbelag hatten und von den Schwarzen, die vorher darin untergebracht gewesen waren, ekelhaft verschmutzt worden waren; das mögen in großen Zügen Beispiele sein für die Grausamkeit, mit der die für Menschenrechte und Zivilisation kämpfenden Briten gegen Wehrlose vorgingen.

Und Seite an Seite mit jenen ihre Verbündeten, die für Freiheit und Kultur fechtenden Franzosen!

Wenn die Engländer sich dazu verstanden, die Gefangenen, allerdings nach langen und mühseligen Fahrten und unter den unwürdigsten Zuständen nach Europa zu überführen, so haben die Franzosen von vornherein garnicht die Absicht gehabt, die ihnen anvertrauten Deutschen in Orte zu verbringen, deren Klima für Europäer zuträglich gewesen wäre. Sie haben im Gegenteil ihre Gefangenen in Gegenden verschleppt, die klimatisch besonders ungesund sind, nach Orten, wo Gelbfieber, Malaria, Schwarzwasserfieber und alle andern Tropenkrankheiten zahllose Opfer unter den Europäern fordern mußten und forderten.

Bei der Uebergabe der Gefangenen seitens der Engländer an die französischen Truppen wurde von deren Befehlshabern Schutz des Lebens und Privateigentums sowie anständige Behandlung zugesichert: gehalten wurden diese Versprechungen von niemandem. Zwar am Privateigentum der Gefangenen konnten sie sich nicht mehr so sehr vergreifen: damit hatten die Engländer bereits nach Kräften aufgeräumt; aber in einer das Leben gefährdenden Behandlung haben sie in vielen Fällen ihren britischen Lehrmeister noch weit übertroffen.

Auch sie nahmen nicht die leiseste Rücksicht auf Stellung und Rang der in ihre Gewalt gegebenen Personen. Der stellvertretende Gouverneur von Togo erhielt trotz dringender Bitten drei Tage lang keinen Tropfen Trinkwasser. Ein deutscher Konsul wurde trotz angegriffener Gesundheit gezwungen, seinen Koffer bei glühender Sonnenhitze selbst zu tragen: die Ueberanstrengung ließ ihn zusammenbrechen, und nach wenigen Stunden war er tot. Die Sammellager befanden sich weit im Innern des Landes. Einer Gruppe von etwa 150 Mann wurde ein Marsch von 520 Kilometern zugemutet, von denen täglich 20—35 in einer Hitze von 30—50, ja selbst bis 80 Grad zurückgelegt werden mußten.

Die Transportführer baten selbst telegraphisch beim Generalgouvernement um Verzicht auf den Marsch; die Antwort hieß: „Der Marsch ist unter allen Umständen durchzuführen, koste es, was es wolle."

Unverlöschbar sind die Namen ihrer Peiniger in die Herzen der gequälten Kolonialeinwohner eingegraben. Ein Mann aber vor allen anderen ist es, dessen Namen kein Deutscher je vergessen sollte; wenn von Bluthunden in Menschengestalt gesprochen wird, dann soll der Name des Adjutanten Venère aus dem Gefangenenlager Abomey mit glühenden Lettern sich in das Bewußtsein jedes deutschen Mannes und jeder deutschen Frau einbrennen, als eines Teufels, wie ihn nur das finsterste Mittelalter hätte gebären können!

Venère war ein früherer Zuchthausaufseher aus der Verbrecherkolonie Neukaledonien. Er begann damit, die Gefangenen ohne Rücksicht auf Stellung, Alter, Beruf und Gesundheitszustand zu schwersten Arbeiten heranzunehmen. Meterdicke, steinharte Lehmmauern mußten mit Hacken umgelegt werden, außerhalb des Lagers hatten sie Wege zu bauen, Ackerland zu ebnen und alte Plantagen zu roden. Wehe aber dem, der sich während der Arbeit einmal gerade aufrichtete, um den erlahmenden Rücken zu strecken! Wehe dem, der den Versuch machte, sich den rinnenden Schweiß abzuwischen! Schläge mit der Nilpferdpeitsche über Hände und Gesicht waren das Geringste, dessen er sich zu versehen hätte. Keulenhiebe, Fußtritte, Faustschläge und Kolbenstöße waren die alltäglichen Mittel, mit denen die Gefangenen unter Drohungen und gemeinsten Schimpfworten zur Arbeit getrieben wurden. Häufig mußten diejenigen, die in der sengenden Sonnenglut zusammengebrochen waren, wenn sie nicht durch Schläge zur Weiterarbeit gezwungen werden konnten, krank weggetragen werden.

Das Arrestlokal war meistens überfüllt, der Aufenthalt in ihm bei der Tropenhitze und der gänzlich unzureichenden Luftzufuhr eine Qual. Venère schlug die Gefangenen aus Laune! Oft führte ihn auch Betrunkenheit zu den gröbsten Mißhandlungen; dann fuhr sein Ochsenziemer ihnen über Gesicht und Kopf, über den nur mit einem zersetzten Hemd bekleideten Rücken, über die bloßen Arme und Füße.

Das furchtbarste aber war die von ihm selbst erfundene und, wie es scheint, eigens für die deutschen Gefangenen hergestellte Daumenschraube. Die Daumen beider

Hände wurden zwischen sinnreich konstruierte Eisenstücke geklemmt und mittels einer Flügelschraube so gequetscht, daß noch stundenlang hinterher das Gefühl des Abgestorbenseins in den blutenden Gliedern zurückblieb. Gern ließ er dann von zwei Gefangenen an einer zwischen Beider Daumenschrauben befindlichen Kette einen schweren Holzklotz tragen; erschlafften die Gemarterten und ließen vor übergroßem Schmerz die Kette aus ihrer gestreckten Strafjung sinken, dann schlug er eigenhändig mit der Peitsche den Wehrlosen über Gesicht, Hals und Arme!

Mit ihm wetteiferten in Rohheit und Bestialität seine Untergebenen, konkurrierte auch erfolgreich der Lagerarzt. Dieser hatte zwei besondere Heilmethoden: die eine war die berüchtigte Hungerkur, deren Androhung allein schon oft genügte, die Kranken trotz Schmerzen und Schwäche zur Arbeit gehen zu lassen; bei rheumatischen und neuralgischen Beschwerden wandte er ein Glüheisen an, welches empfindliche Brandwunden verursachte. In den meisten Fällen überließ er die Kranken seinen schwarzen Heilgehilfen, die derartig unsauber vorgingen, daß z. B. bei Injektionen große Eitergeschwüre und Entzündungen keine Seltenheit bildeten.

Es liegt auf der Hand, daß Beschwerden gegenüber Kontrolloffizieren verboten waren. Wagten es doch einmal einzelne, ihre Stimme zu erheben, so waren die härtesten Mißhandlungen und Strafen hinterher ihr einziger Erfolg.

Erst nach sehr langen Verhandlungen und ausgedehnten Vergeltungsmaßregeln hat die deutsche Regierung es erreicht, daß die Kolonialgefangenen nach Europa übergeführt wurden. Gleich als seien sie wilde Tiere, so sind sie in England sowohl als auch in Frankreich angesehen, verhöhnt, mit Steinen und Kot beworfen, angespien worden. Aber die schlimmsten Qualen waren mit dem Betreten europäischen Bodens überwunden. Und nie soll das deutsche Volk vergessen, wie seine Brüder und Schwestern von den „Trägern der Zivilisation" in Afrika behandelt worden sind!

Die kolonialen Kriegsziele Englands.

Von Regierungsrat Dr. Ruppel, Berlin.

In seiner am 5. Januar 1918 vor den Vertretern der Gewerkschaften abgegebenen Erklärung über die Kriegsziele Englands hat der Premierminister Lloyd George für die außerhalb Europas gelegenen Gebiete folgende Forderungen aufgestellt: Lostrennung Arabiens, Palästinas, Syriens, Mesopotamiens und Armeniens von der Türkei und Entscheidung über das Schicksal der deutschen Kolonien nach den Wünschen und Interessen der eingeborenen Bevölkerung. Daß unsere Schutzgebiete nach seiner Meinung uns nicht wieder zurückgegeben werden sollen, zeigt unzweideutig die hinzugefügte Bemerkung, die Eingeborenen hätten nur in einer Kolonie, nämlich Ostafrika, durch militärische Treue Anhänglichkeit an ihre bisherigen Herren gezeigt, und dort habe sich diese Anhänglichkeit auf eine kleine kriegerische Klasse beschränkt, während die große Masse der Bevölkerung eine tiefe Abneigung gegen die Deutschen hätten und weiterhin haben würden. Was aus den vorderasiatischen Ländern und den bisherigen deutschen Kolonien werden soll, ist hiernach zwar negativ in dem Sinne gesagt, daß sie den bisherigen Besitzern abgenommen werden sollen, dagegen hat sich der leitende Staatsmann Englands gehütet, positiv zu erklären, wem sie künftig gehören sollen.

Worauf es den Engländern bei der Lösung der vorderasiatischen und der afrikanischen Fragen hauptsächlich ankommen wird, ist die Verwirklichung des mit den Schlagworten Kap—Kairo und Kairo—Kalkutta nicht schlecht bezeichneten Doppelprogramms. Um dessen Bedeutung zu verstehen und zu übersehen, inwieweit es bis zum Kriegsausbruch ausgeführt worden ist, muß man auf die geschichtliche Entwicklung der letzten Jahrzehnte zurückgehen.

Ostindien, das seit der Mitte des 18. Jahrhunderts der britischen Herrschaft unterworfen worden ist, bildet mit seinen 300 Millionen Menschen und seinen besonders günstigen wirtschaftlichen Verhältnissen bei weitem das wertvollste Stück des überseeischen Imperiums Englands. Die Sicherung der Kolonie selbst und ihrer Verbindungslinien mit dem Mutterlande ist eine der Hauptsorgen der Londoner Politik. Solange der Seeweg nach Indien um die Südspitze Afrikas herumführte, war er durch den Besitz von Kapland ausreichend gedeckt, das man den Holländern während der napoleonischen Kriege weggenommen und bei deren Abschluß vorenthalten hatte. Die ostafrikanischen und südasiatischen Küstenländer boten noch kein Interesse. Nur Aden wurde als vorgeschobener Posten am Eingang zum Roten Meere schon 1839 von Indien aus besetzt. Einen vollständigen Wandel der Verhältnisse brachte der Bau des Suezkanals, ein Werk französischen Kapitals und französischer Ingenieure. England erkannte seine Bedeutung rasch und verschaffte sich mit großem Geschick die Kontrolle erst finanziell durch den Erwerb der Aktienmehrheit, dann (1882) territorial durch die militärische Besetzung Aegyptens, die trotz der feierlichsten Versprechungen nicht nur nicht wieder aufgegeben, sondern immer fester begründet wurde. Aegypten wurde eine der tragenden Säulen des Weltreichs. Mit Indien und dem Kap bildete es die Endpunkte eines Dreiecks, dessen Seiten in fremden Händen waren.

Die Landverbindung zwischen Aegypten und Indien ist als politisches Ziel noch ziemlich jungen Ursprungs. Die Natur der Zwischenländer mag sie nicht begehrenswert haben erscheinen lassen. Nur das Nächstliegende geschah. Von Ostindien aus suchte man die Westgrenze durch Angliederung der Nachbarländer zu sichern. Das gelang bei Beludschistan. Afghanistan wußte sich dagegen in blutigen Kriegen seiner Haut zu wehren. An der Südküste Arabiens (Hadramaut) wurden die Scheis durch Jahrgelder in englische Abhängigkeit gebracht. Im anschließenden Sultanat Oman hat Frankreich die Einrichtung eines englischen Protektorats kraft alter Vertragsrechte stets zu verhindern gewußt, wenn auch tatsächlich der englische Einfluß überwiegt. Neue Bewegung brachte das deutsche Projekt der Bagdadbahn in die südasiatische Politik Englands. Der erste Gegenzug war (1899) ein Vertrag mit dem Scheich von Koweit am Persischen Golf, der auf ein Protektorat hinauslief. Daran schlossen sich später die Versuche, die unterste Strecke der Bahn England vorzubehalten.

Ueber Perſien mußte man ſich mit Rußland einigen. Das geſchah durch den Vertrag von 1907. Die dadurch geſchaffene engliſche Zone umfaßte Südoſtperſien bis Bender Abbas; ſie verſchaffte die Herrſchaft über die Straße von Hormus, den Eingang zum Perſiſchen Golfe. Rußland wurde von dieſem ganz abgedrängt. In der neutralen Zone

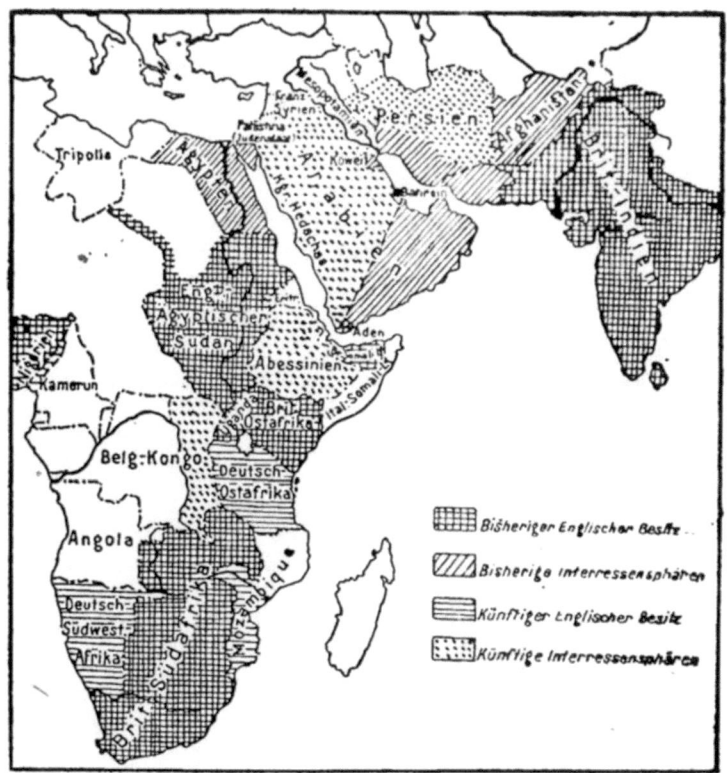

Die engliſchen Kriegsziele in Afrika und Aſien.

längs des Golfs hat ſich tatſächlich im Laufe der folgenden Jahre England ebenfalls eingerichtet. In Arabien unterhielt es zwar Beziehungen mit den unabhängigen Scheichs des Innern. Aber im Weſten ſtärkte ſich die türkiſche Herrſchaft in Hedſchas und Jemen beſonders ſeit dem Bau der Bahn nach Medina. Nur die Halbinſel Sinai wußte man den Türken 1906 durch ſtarken Druck abſpenſt'g zu machen. 1909 erkannte die Türkei ferner Südweſtarabien jenſeits der Linie Aden—Bahrein-Inſeln als engliſche Intereſſenſphäre an.

Wie man sich jenseits des Kanals vor dem Kriege die weitere Entwicklung dachte, läßt die imperialistische Literatur erkennen. Das Zukunftsprogramm umfaßte die Unterwerfung von Afghanistan, an dem sich Rußland desinteressiert hatte, falls es sich dem englischen Einflusse nicht gutwillig fügte, die Festigung der Stellung in Südpersien, die Errichtung des Protektorats über Oman, ferner für den Fall der Auflösung der Türkei die Bildung eines Bundes autonomer, natürlich von England kontrollierter Staaten in West- und Mittelarabien, eines selbständigen Judenstaates nach dem Muster Belgiens in Palästina und das französische Protektorat über Syrien. Die Verwirklichung dieser Gedanken würde bedeuten, daß zwischen Aegypten und Indien eine in englischen Händen befindliche Landbrücke geschaffen wird, die an der gefährlichsten Stelle durch Dazwischenschiebung eines neutralen Kleinstaates, Judäa, und der Kolonie eines Vasallenstaates, Französisch-Syrien, geschützt wäre.

In Afrika setzte der Ausdehnung des in Aegypten widerrechtlich gewonnenen Einflusses nach Süden zunächst das eben begründete Reich des Mahdi einen Damm entgegen. Rascher kam man vom Kap der Guten Hoffnung aus vorwärts. Hier gab die Festsetzung der Deutschen in Groß-Namaqua- und Damaraland an der Südwestküste das Signal für den Vormarsch nach Norden über den Oranje hinaus. Der erste Schritt war 1885 die Sicherung des Betschuanalandes für die britische Interessensphäre, wodurch der Schaffung einer gemeinschaftlichen Grenze zwischen dem deutschen Schutzgebiet und den Burenrepubliken vorgebeugt wurde. Dann ging Cecil Rhodes seit 1889 an die Arbeit. Seiner Tatkraft gelang es, die jetzt als Süd- und Nordrhodesien bekannten zentralen Gebiete unter die englische Flagge zu bringen, indem er alte portugiesische Ansprüche auf eine Landverbindung zwischen Angola und Mozambique beiseite schob. Vor den Toren Katangas fand er seinen Meister in Leopold von Belgien, der dem weiteren Vordringen nach Norden einen Riegel vorschob. Rhodes suchte wenigstens eine Verbindungslinie zu retten, die über den von ihm erreichten Tanganjika-See und einen zwischen diesem und dem Uganda-Protektorat England einzuräumenden Landstreifen führten sollte, aber ohne Erfolg: England mußte die in einem mit dem Kongostaat 1884 geschlossenen Vertrage darüber aufgenommene Klausel vor dem Widerspruch Deutschlands fallen lassen.

Glücklicher war man im östlichen Sudan. Kitchener zerbrach hier 1897 die Macht des Mahdi gerade rechtzeitig, um den von Westen vordringenden Franzosen bei Faschoda ein Halt zuzurufen, und stellte durch die Angliederung des anglo-ägyptischen Sudan die Verbindung zwischen Aegypten und Uganda her. Im Süden gelang bald darauf die Annexion der Burenstaaten. Das Kap-Kairo-Programm war damit von Norden und Süden her auf große Strecken in wenigen Jahren verwirklicht worden bis auf das Mittelstück. Hier erstreckten sich der Kongostaat und Deutsch-Ostafrika von dem Atlantischen bis zum Indischen Ozean hinüber. England gab die Hoffnung, doch noch seinen Weg durch dieses breite Band fremder Besitzungen zu finden, nicht auf. Seine Afrika-Politiker dachten daran, den Belgiern den östlichen Teil des Kongo bis zum Lualaba abzunehmen, zumal er die zukunftsreichen Gebiete von Katanga und Kilo einschloß. Die Gelegenheit zur Verwirklichung hat sich bis zum Kriegsausbruch nicht gefunden.

Der Weltkrieg eröffnete von neuem die Bahn zu Verschiebungen der Landeshoheit in den Gebieten im Zuge der Linien Kap—Kairo und Kairo—Calcutta im Sinne der imperialistischen Pläne Englands. Man zögerte nicht, davon Gebrauch zu machen, und ohne den Ausgang der Kämpfe abzuwarten, Tatsachen zu schaffen. Schon im November 1914 wurde über Aegypten, das rechtlich noch zur Türkei gehörte, unter Lösung des Bandes mit Konstantinopel das englische Protektorat verkündet, bei gleichzeitiger Umwandlung des Khedibiats in ein Sultanat. Damit glaubt man eine Entwicklung zum endgültigen Abschluß zu bringen, die nichts anderes als eine fortgesetzte widerrechtliche Vergewaltigung gewesen ist. Das letzte Wort wird darüber erst der Frieden zu sprechen haben. Ein Seitenstück dazu ist die Errichtung eines selbständigen Königreichs Hedschas unter dem bisherigen Großscherifen von Mekka 1916. Gleich nach der Eroberung Jerusalems sind die ersten Schritte zur Bildung des zionistischen Staates in Palästina getan worden. Die militärische Besetzung Mesopotamiens einschließlich von Bagdad soll nach dem Willen der Londoner Machthaber eine dauernde werden. Endlich scheint England gewillt zu sein, die Zurückziehung der Russen aus Persien zur Ausdehnung seines Einflusses auf das ganze hilflose Reich zu benutzen. Wenn man von dem südarabischen Jemen, wo sich den Türken ergebene Araber noch halten, und dem von den

Türken selbst erfolgreich verteidigten Gebiet der Hedschas-
bahn absieht, ist demnach England dabei, den gewaltigen
Plan der gesicherten Landverbindung zwischen dem Suez-
kanal und der indischen Westgrenze zu realisieren.

Unser Deutsch-Ostafrika hat für England die
besondere Bedeutung, daß sein Besitz die Lücke zwischen
Uganda und Nordrhodesien schließen würde. Diese Aussicht
war so verlockend, daß man sich auf die in der Kongoakte
vorgesehene Neutralisierung nicht einließ, sondern alles dar-
ansetzte, das Schutzgebiet in seine Gewalt zu bekommen.
Nach 3½jährigem Heldenkampf der kleinen, von der Heimat
abgeschnittenen Truppe ist dies den Briten mit Unterstützung
durch belgische und portugiesische Streitkräfte gelungen. Die
Genugtuung der Anhänger des Kap — Kairo-Gedankens
wird nicht verborgen. An die freiwillige Zurückgabe denkt
man, unbekümmert um das proklamierte Selbstbestim-
mungsrecht der Eingeborenen, nicht. Nur unter unerbitt-
lichem Zwange wird man die willkommene Beute wieder
fahren lassen. Im Besitze der östlichen Nord-Süd-Verbin-
dung könnte man auf die westliche durch den belgischen
Kongo einstweilen verzichten und abwarten, wann sich zu
ihrer Angliederung eine schickliche Gelegenheit fände. Es
scheint aber, daß England während des Krieges im Wege der
Verpfändung auch das östliche Katanga und den nordöstlich
anschließenden Teil des Kongo in sein Interessengebiet ein-
bezogen hat. Außer unserem Schutzgebiet liegt die portugiesische Ostküste südlich des Sambesi, die das Vorland zu
Transvaal und Südrhodesien bildet, den Engländern
hinderlich im Wege. Aus der portugiesischen Presse hat man
ersehen können, daß sie während des Krieges mit Erwer-
bungsabsichten bezüglich dieser Striche hervorgetreten sind.
Man muß damit rechnen, daß sie auch hiermit auf irgend-
eine Weise halb oder ganz zum Ziele gelangen. Als letzter
Fremdkörper in dem englischen Ostafrika-Reiche bliebe dann
nur noch Abessinien mit den vorgelagerten französischen und
italienischen Kolonien. Letztere brauchen England wenig zu
stören. Dagegen hat es an dem volkreichen äthiopischen Ge-
birgsreiche ein sehr lebhaftes Interesse, weil dieses wichtige
Quellflüsse des Nil beherrscht und in feindlicher Hand eine
schwere Gefahr für Aegypten bilden würde. Die Welt wird
sich deshalb nicht zu wundern brauchen, wenn dort plötzlich
Veränderungen in einem England günstigen Sinne zutage
treten; bei den Wirren, von denen unvollständige Nachrichten zu uns dringen, dürfte es bereits im Spiele sein.

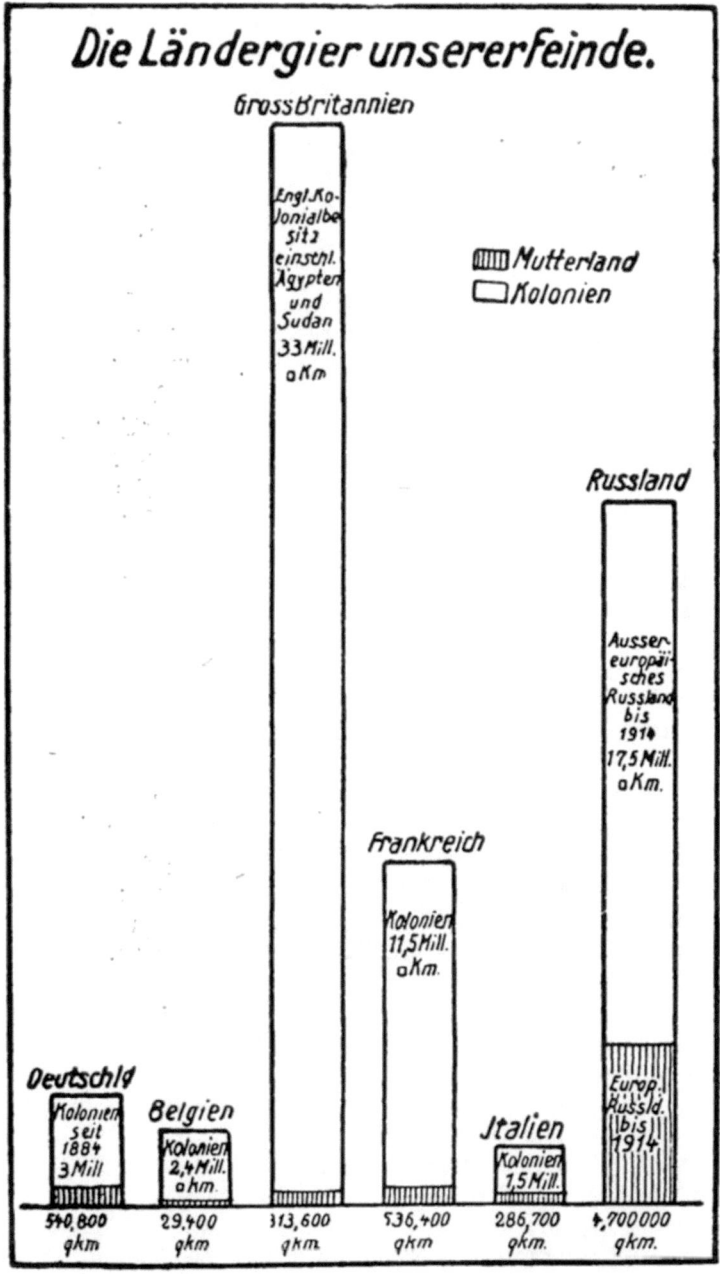

Graphische Darstellung der Größenverhältnisse zwischen dem europäischen und außereuropäischen Besitz Deutschlands und der feindlichen Staaten.

Ueber die machtpolitische Bedeutung des Doppelprogramms Kap—Kairo und Kairo—Calcutta braucht man nicht viel Worte zu machen. Der Besitz der östlichen Hälfte Afrikas und der südlichen Hälfte Vorderasiens würde England, zumal nach Fertigstellung der erforderlichen Eisenbahnen, eine ungeheuer starke Stellung in beiden Erdteilen und im Indischen Ozean verschaffen und den einzelnen Teilen, insbesondere den wichtigen: Indien, Aegypten und Südafrika, für jede denkbare Möglichkeit ausreichende Sicherheit gewährleisten. Westafrika und die der Türkei verbleibenden Gebiete würden dauernd unter einem Drucke gehalten werden können, der einer tatsächlichen Abhängigkeit nahekommen würde. Wir haben das größte Interesse, das Programm nicht Wirklichkeit werden zu lassen. Dazu ist es nötig, die Türkei in den alten Grenzen wiederherzustellen und ein in unserer Hand befindliches Kolonialreich zwischen Atlantik und Indischen Ozean zu schaffen, dessen Kernstück das alte ostafrikanische Schutzgebiet bilden muß.

Mit dem großen, vom Kap nach Indien reichenden Programm sind die kolonialen Kriegsziele Englands nicht erschöpft. Es will auch die übrigen deutschen Schutzgebiete allein oder im Verein mit seinen Bundesgenossen behalten. Der Grundgedanke ist aber hier mehr der negative, Deutschland die Möglichkeit kolonialer Betätigung überhaupt abzuschneiden und damit eine Quelle seiner weltpolitischen und weltwirtschaftlichen Stellung zu verschütten. Dazu kommen bei Südwest und den Südseebesitzungen die Wünsche der Tochterstaaten, die die Eroberung durchgeführt haben, den Raub ihrer Machtsphäre anzugliedern: der südafrikanischen Union hinsichtlich Südwests, des australischen Bundes hinsichtlich des alten Schutzgebietes Neuguinea einschließlich Nauru, endlich Neuseelands hinsichtlich Samoas. Togo und Kamerun will man mit Frankreich teilen; die englischen Teile sollen mit der Goldküste bezw. Nigeria vereinigt werden.

Gelingt es den Engländern, ihre weitschauenden Pläne, deren Größe und Bedeutung in weiten Kreisen des deutschen Volkes nicht erkannt und gewürdigt werden, durchzuführen, so wird sich das Riesenreich, dessen Zentrale London ist, und das vor dem Kriege bereits nicht weniger als 33 Millionen Quadratkilometer mit 444 Millionen Menschen umfaßte, um weitere ungeheure Landflächen und Menschenmassen vermehren und in einer Weise abrunden, die seinen Bestand auf absehbare Zeit hinaus sicherstellt.

Der Arbeiter und die deutschen Kolonien.
Von Dr. Paul Lensch.

Der Wert der Kolonialpolitik war für Deutschland lange Zeit bestritten. Es ist bekannt, daß Bismarck nur mit halbem Herzen an die Sache heranging, und noch lange Jahre später stieß die Kolonialpolitik im Reichstage auf viele offene und versteckte Gegner. Man erklärte, die deutschen Kolonien seien wertlose Gebiete, die eine Unmenge Geld verschlingen, im übrigen aber höchstens ein paar Großhändlern fette Gewinne brächten, für die deutsche Volkswirtschaft im ganzen jedoch überflüssig oder direkt schädlich seien. Gummi, Kupfer, Kakao, Kaffee, Baumwolle und andere Kolonialprodukte erhalte man viel schneller und billiger auf dem Weltmarkte bei Engländern und Amerikanern, als in den eigenen Kolonien, wo diese Dinge erst mit Mühe und größten Unkosten herangezogen werden müßten.

Wie weit diese Anschauungen in der Vergangenheit berechtigt waren, soll hier unerörtert bleiben. Für die Zukunft sind sie auf jeden Fall unhaltbar. Der Krieg hat auch in dieser Hinsicht alle Verhältnisse geändert. Er hat unseren Gegnern, unter ihnen besonders England, ein direktes Kolonialmonopol gesichert, das uns für den Bezug der unentbehrlichsten Rohprodukte, wie wir sie oben nannten, vollkommen der Gnade der Engländer und zugleich ihrer angelsächsischen Vettern in Amerika ausliefert. Dazu müssen wir mit der Tatsache rechnen, daß der „freie Welthandel", wie wir ihn vor dem Kriege kannten, nach dem Kriege keineswegs ohne weiteres wiederhergestellt werden wird. Die Pläne der Pariser Wirtschaftskonferenz, die auf einen Wirtschaftskrieg nach Beendigung des Waffenkrieges ausgehen, sind bekannt genug, und es wäre sehr verhängnisvoll, sie auf die leichte Schulter zu nehmen.

So haben, um nur ein Beispiel anzuführen, schon jetzt England und Frankreich Maßregeln ergriffen, um der sehr bedeutenden deutschen Oel- und Fettindustrie den Rohstoff, soweit er aus ihren Kolonien kommt, durch Vorzugszollbehandlung zu entziehen. England hat seine Kolonien angewiesen, Palmkerne bei der Ausfuhr nach fremden Ländern mit einem Ausfuhrzoll von 40 ℳ pro Tonne zunächst auf die Dauer von fünf Jahren nach dem Kriege zu belasten. Aehnlich ist Frankreich vorgegangen. In England beabsichtigt man, den Palmkernhandel zu einem Staatsmonopol zu machen, und hat zu diesem Zweck die Ausfuhr westafrikanischen Palmöls nach fremden Ländern verboten. Was aber der Entzug oder die Verteuerung von Fetten, Oelen und Futterstoffen für die deutsche Volkswirtschaft und besonders für die deutsche Arbeiterklasse bedeutet, das haben wir in diesem Kriege gründlich kennen gelernt. Nach dem Kriege würden uns England und Amerika die kolonialen Rohstoffe, die wir für Wiederaufbau und Fortführung unserer Volkswirtschaft brauchen, zwar ebenfalls verkaufen, aber nur zu den Quantitäten, die ihnen passen, und zu den Preisen, die sie diktieren. Wir wären, selbst wenn wir militärisch gesiegt hätten, wirtschaftlich vollkommen ihnen ausgeliefert, falls wir nicht imstande sind, das Kolonialmonopol, das ihnen der Krieg in den Schoß geworfen hat, zu zerbrechen und ein eigenes starkes Kolonialreich zu schaffen.

Daß die vereinigten angelsächsischen Mächte, England und die Union, in der Tat ein Kolonialmonopol durch den Krieg erworben haben, lehrt ein Blick auf die Karte. Durch die Eroberung der deutschen Kolonien in Afrika sowie durch die Annexion Aegyptens ist Afrika eine englische Provinz geworden. Die nichtenglischen Besitzungen des einstigen schwarzen Erdteils, vor allen die französischen und portugiesischen Kolonien sowie der belgische Kongostaat, kämen in Zukunft um so weniger in Betracht, als in Zukunft, falls England seinen Kolonialraub behalten könnte, diese europäischen Länder neben England selber nicht mehr in Betracht kämen. Dazu hat England entscheidende Eroberungen in Asien gemacht, Jerusalem und Bagdad, Arabien und Mesopotamien hat es erobert oder steht im Begriff, es zu tun; Persien verwandelt sich in eine englische Provinz, daran schließen die bereits englischen Besitzungen von Belutschistan und der beiden Indien an, so daß auch in Asien ein reichliches Drittel des für menschliche Besiedlung in Betracht kommenden Gebietes englischer Besitz wäre. Wie weit das zerbröckelnde Rußland sowie das von beiden Seiten — Japan — bedrohte China imstande wäre, seinen Besitz-

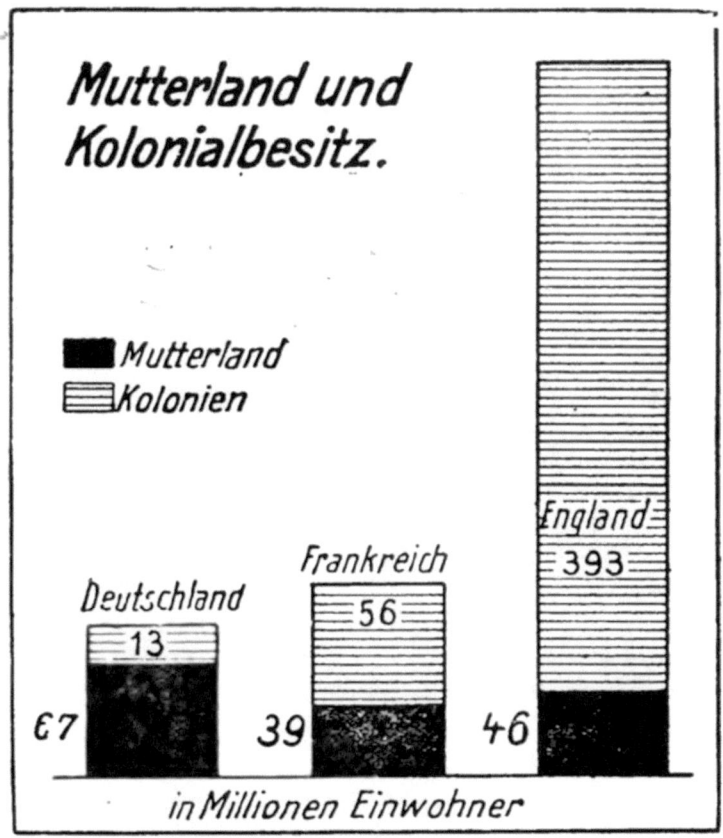

Deutschland, das kräftigste Mutterland, hat die kleinsten Kolonien.

stand zu wahren, steht noch dahin. Jedenfalls wäre, falls England die ungeheuren Kolonialgebiete und Neuerwerbungen, die ihm der Krieg gebracht hat, behalten dürfte, Großbritannien im Verein mit den Vereinigten Staaten von Nordamerika wirklich der Herr dieses Planeten, und alle nichtenglischen Völker würden dann nur noch bei den Angelsachsen auf Miete wohnen. Mit der Entwicklungsfreiheit Deutschlands wäre es aus.

Was das für die Arbeiterschaft bedeuten würde, kann hier nur kurz angedeutet werden und auch nur in dem Zusammenhange, wie die Kolonialfrage dabei in Betracht kommt. Wir sind ohne den gesicherten reichlichen Bezug der kolonialen Produkte heute nicht mehr imstande, weder unsere Industrie noch unsere Landwirtschaft fortzuführen. Die Bevölkerungszunahme Europas, die im 19. Jahrhundert fast ein Drittel Milliarde betrug, hat die Bedingungen

Die Steigerung der Ausfuhr aus unseren Kolonien.

unserer Landwirtschaft auf völlig neue Füße gestellt. In Europa, und besonders in Deutschland, warf man sich besonders auf den Getreide- und Kartoffelbau und überließ den Anbau von Gespinstpflanzen, Futterkräutern und Oelpflanzen immer mehr den Tropen, die dafür bessere Bedingungen natürlichen Wachstums haben. So stieg nicht nur der Ertrag pro Hektar an Getreide und Kartoffeln in Deutschland auf eine fast konkurrenzlose Höhe, auch die Fleisch- und Milchproduktion wurde durch den Bezug der fett- und eiweißreichen Futtermittel der Tropen ganz erstaunlich gehoben. Wir haben im Kriege erleben müssen, wie der Entzug der tropischen Fette und Futtermittel die

Grundlage unserer Volksernährung vollkommen erschütterte. Die deutsche Oelindustrie, die vor dem Kriege über 150,000 Personen beschäftigte, ist schwer bedroht. Die Erzeugung von Fleisch und Fett, Butter, Zucker, Käse sind in ihrem Kern getroffen.

Dazu kommt der Mangel an Rohmaterialien für die Textilindustrie. Im Jahre 1913 führten wir für 607 Millionen Mark rund 477,000 Tonnen Rohbaumwolle ein. Der fast völlige Ausfall dieses Rohstoffes hat über die eine Million Arbeitskräfte, die wir in der Textilindustrie, und die 1,3 Million, die wir in der Bekleidungsindustrie beschäftigten, schwere Krisen gebracht. Eine Linderung der Wohnungsnot, die uns nach dem Kriege bevorsteht und die besonders die ärmeren Volksschichten bedroht, wird ohne Inanspruchnahme der Kolonialwirtschaft höchst schwierig sein. Der Bedarf an Polsterungsmaterial, Wolle und Baumwolle, zur Herstellung von Matratzen, Kissen, Decken, Vorhängen, Scheuer- und Wischtüchern zur Befriedigung auch nur der bescheidensten Ansprüche an Wohnbehaglichkeit, ist der heimischen Landwirtschaft unmöglich zu entnehmen. Noch weniger natürlich der Bedarf an Kleidern, Wäsche und Schuhen. Gerade was den letzten Punkt betrifft, so lieferte die heimische Landwirtschaft im Jahre 1913 noch nicht ein Drittel dessen, was die heimische Lederindustrie an Rohstoff gebrauchte. Auch hierin sind wir, sowie in Gerbstoffen, von der Kolonialwirtschaft abhängig.

Kurzum: wohin wir blicken sind es gerade die unentbehrlichsten Massenartikel, die wir aus den tropischen und subtropischen Gebieten beziehen, und deren freier Bezug uns ein englisches Kolonialmonopol zu vernichten droht. Deshalb kann Deutschland aus Rücksicht auf seine gesamte Volkswirtschaft und besonders aus Rücksicht auf die Wohlfahrt seiner arbeitenden Klassen auf eine selbständige Kolonialpolitik und damit auf ein **eigenes ausreichendes Kolonialreich** nicht verzichten.